问天之迹

上海天文馆 藏 天文文物

上海书画出版社

周元 等 著

编委会

主　　任　　王莲华

副主任　　刘　健　忻　歌

编　　委　　周　元　杜芝茂　林　清　林芳芳　贾　清　李岩松　吴　群　陆　琦

科学顾问　　钮卫星

摄　　影　　陈　军　彭小溪

序 1

承载着老一辈科学家一甲子的梦想，凝聚了全国天文工作者的智慧，在广大公众的热情期盼中，经历了十年磨一剑之建设历程的上海天文馆（上海科技馆分馆）于 2021 年 7 月 17 日正式开馆了。有幸的是，上海天文馆开馆两年以来仍然保持"网红"热度，吸引着一批又一批来自全国各地，对神秘宇宙满怀探索渴望的游客和亲子家庭，即使在因疫情防控而严控入馆人数的情况下，迄今接待游客也已超过了百万人次。

上海天文馆因何深受公众欢迎？除了人们对神秘宇宙的天然好奇，天文馆建设团队的精心设计、匠心打造和用心管理自然功不可没，然而更重要的原因还在于确立了正确的整体设计理念。2016 年 12 月 20 日，习近平总书记在会见天宫二号及神舟十一号载人飞行任务航天员及参研人员代表时强调指出："星空浩瀚无比，探索永无止境。"这个精神就镌刻在上海天文馆主展区的出口处，作为主体展览的总结，它极为精辟地点出了太空探索的深刻意义，同时也成为天文馆展示设计理念的重要指导。注重启发好奇心和探索精神的培养，同时注重科学与艺术的结合，是天文馆得以成功的思想基础。星光灿烂的沉浸式观展体验，既科学理性又富于情感设计的展陈故事线，精心打造的灯光和音响效果，原创设计的互动展品，独家所有的珍稀科学藏品，极富艺术性的展示方式，它们共同构成了上海天文馆广获好评的物质基础。

珍稀科学藏品，特别是天降陨石和天文文物，在天文馆广受瞩目的展示项目中是特别值得关注的种类。上海天文馆建设团队秉承建设国际顶级天文馆的理念，在建设过程中就以最高的收藏标准开展了陨石和文物的征集工作。天降陨石是我们唯一可以触摸太空的实物，也是其他科普场馆中难得一见的珍贵展品，上海天文馆在建设期间征集到来自全球各地共计七十多块精品陨石，其中不乏品相精良的目击陨石和稀有品种。天文文物则承载了人类探索宇宙的智慧和力量，建设团队经过多年努力，获得了一百二十多件/套天文文物，其中数十本影响科学发展进程的科学名著之原版，值得每一位科学爱好者的尊重。还有众多精美的古代星图、天文仪器等高品质天文文物，也都值得大家在天文馆中用心探索。

来到天文馆的游客们来去匆匆，通常难有足够的时间来探究这些精彩藏品的奥秘。为了帮助大家更好地深入了解这些陨石和文物，我们特别精选了上海天文馆收藏的最具代表性的精品陨石和天文文物，以高精度摄影和精彩的解说，分别制作成《星石奇珍》和《问天之迹》两本精品画册，全方面地深入剖析每一件精品的科学价值和背后的故事，希望能够得到天文馆粉丝们的厚爱，借此细细品味这些珍稀藏品，同时更好地了解天文馆，更好地体会科学之美。

《问天之迹》编委会
2023 年 6 月

序 2

上海天文馆开馆两年以来，俨然已成为一个新的网红地标。作为一个科普场馆，竟然在两年之后依然保持着一票难求的火热状态，颇为令人惊讶。本人有幸在天文馆的建设过程中参与过部分项目，包括本书所呈现的多项天文文物征集的评审工作，充分感受到上海天文馆建设团队充满创新活力，又谨守科学严谨的敬业精神。上海天文馆如今深受公众喜爱，天文馆的建设者们功莫大焉。

上海天文馆是一座精心设计的新型科普场馆，其独特的建筑构思、极具震撼力的沉浸式展示设计，都给人留下了深刻的印象。然而给我们这些科学史研究者留下最深印象的，还是场馆中收藏的众多深刻影响科学发展的科学著作的原版书！牛顿、伽利略、第谷、开普勒……这些大家们的书，是众多科学史研究者都难得一见的珍品，更是广大关心科学发展的朋友们值得亲眼目睹一番的"圣"物！收藏这些科学史原版著作，是上海天文馆的重大贡献，开创了国内科学殿堂收藏和展出国际性重要科学文物的先河。各位参观上海天文馆的游客们，千万不要错过了"星河"展区中这些重量级的科学巨著！

令人更加欣慰的是，上海天文馆不仅展出了这些重量级的科学史珍品，如今还将它们集结成册。经过精心策划和高清摄影，这些科学史文物的精彩之处尽现于精美画册之中。《问天之迹》，诚如其名，展现的正是人类探索宇宙奥秘的漫漫历程中留下的那些无法磨灭的痕迹。在这里，你可以亲眼看到教科书中的那些科学巨擘几百年前留下的原版科学巨著！还能欣赏众多精美的、在科学史上发挥过重要作用的古典星图和科学插画，以及古典望远镜、星盘、天球仪等难得一见的经典天文仪器的精美图片。阅读这本精彩的画册，宛如与前辈科学大师们对话，感受科学进步史上的累累硕果，怎么能不为之心动？

天文馆这个概念，诞生至今恰好百年，其经典含义都是以天象仪为中心，因此在西方惯用法中，Planetarium 这个词既是天象仪，又代表了天文馆。而今，上海天文馆大胆地新创了一个英文名称：Shanghai Astronomy Museum，他们的设计者告诉我，他们这么做是有深义的，因为在他们的设计理念中，上海天文馆构造了一个反映当今天文学之全貌以及人类探索宇宙之历程的宏大展示体系，所以不再是以天象演示为中心的传统天文馆模式。他们使用这个英文新词，正是为了反映其希望引领新一代天文馆发展的创新理念。我很赞赏这个理念，同时，他们收藏了如此多珍贵的文物藏品，还有许多珍贵的陨石藏品，我想这也是他们敢于将其称为 Museum 的一种底气吧！

读者朋友们，希望你也能和我一样，喜爱天文馆，喜爱这本精致的《问天之迹》，一起来感受科学明星传递给你的力量，共同探索宇宙的奥秘。

中国科学技术大学科技史及科技考古史系主任

钮卫星

2023 年 7 月

目录

前言

上海天文馆的英文名不再使用传统的"天象厅"（Planetarium）命名模式，而是定名为"Astronomy Museum"，意为天文博物馆。通常认为博物馆是对人类有形和无形文物进行研究、收购、保存和展览的常设性机构。其英文 MUSEUM 的词根来自"缪斯"（MUSE），意为古希腊神话中掌握艺术和文学等知识的九位女神。古希腊时期，人们往往将杰出的艺术品呈放于供奉缪斯的神庙之中，而缪斯女神中也包含天文女神乌拉尼亚，这也构成了天文与博物馆的最初渊源。

上海本身是一座自带天文历史底蕴的城市，1900 年建立的佘山天文台是中国最早的近现代天文台，现已改建为佘山天文博物馆。这座百年历史的博物馆呈现了近现代天文学在中国上海的早期发展。而新诞生的上海天文馆则试图尝试一个更大的目标，即向观众呈现人类探索宇宙的漫长征途。一座专业博物馆，必然有对应的专业藏品，然而天文学研究的对象，除了少量坠入地球或宇航采样的天体标本实体，绝大多数是通过观测获取的天体信息和相关的物理规律，因此一座天文博物馆的藏品，除了天体的标本之外，也同时围绕人类如何观察、描绘和理解宇宙的历史而展开。

在上海天文馆相对较短的筹备周期内，征集小组通过各种方式，由零开始起步，从世界各地征集了一批天文藏品。虽然与具有长期历史积淀的国外天文馆或科学博物馆相比，数量和珍稀度尚有差距，然而陈列在展厅中的每一件藏品，都蕴藏着在特定的时代，不同地区的人们关于头顶星空的想象与探究，在它们的背后是无数先人的灵感与智慧，其中不乏见证天文科学发展的重量级珍品。

图册篇幅有限，无法展示天文馆的每一件藏品，我们将藏品大致按照星图、仪器、书籍进行划分，这一分类也反映了人类从不同角度认识宇宙的过程。星图记录了人类描绘苍穹的尝试，仪器拓展了人类获取宇宙信息的渠道，书籍则是历史上不同时代记录和传播宇宙规律最有效的工具。

我们的后代将继续前人的脚步，未来他们将不再只是观察和描绘宇宙，还将驶向宇宙星海的深处，那么他们也将留下属于未来天文馆的珍贵藏品，也许在那时，他们将会理解"连结人与宇宙"这句话背后的含义。

上海天文馆 藏品征集小组
2023 年 6 月

描绘苍穹

天文学始于人类对于天空有意识的观察和思考。大部分天体都有相对固定的位置或在特定的轨道运行，人类正是以星图这一载体，描绘和记忆天体的分布。究其起源，星图的历史几乎与天文学本身一样古老，甚至在早期人类的岩洞中就可以找到原始星图的痕迹。

世界各地的不同文明对于星空有着独特的辨识系统和划分规律，星图不仅仅是天空的划分和镜像，也映射出不同文明的历史文化特点，以及人类对于宇宙的丰富想象。星图为恒星划分了位置与坐标，赋予了天文学神话与故事，增添了艺术性和神秘感。除了严格意义的星图之外，还有大量关于天体特征以及宇宙图景的绘图，我们可以将之统称为"天体图"或"天图"，这些关于宇宙的绘图，形成了人类以视觉的方式表达宇宙的最初尝试。而今天的巡天观测和深空探索也正在延续人类描绘苍穹这一永恒的追求。

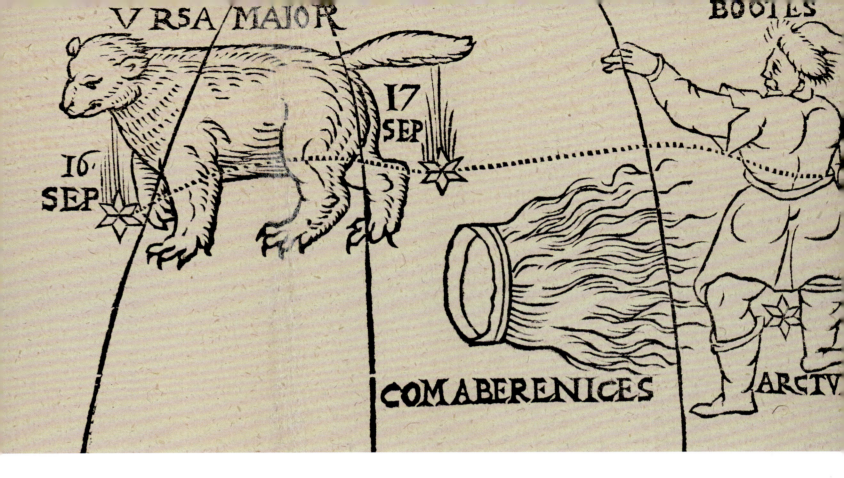

1607 年 9 月出现的彗星或新星图

Von dem Cometen oder geschwentzten newen Stern, welcher sich im September dieses 1607

作　　者　大卫·赫利兹　David Herlitz

出版日期　1607 年

尺　　寸　295mm × 360mm

这张早期版画表现了哈雷彗星在 1607 年 9 月穿过夜空的场景。哈雷彗星是著名的周期性彗星，其回归周期大约为 76 年。作者大卫·赫利兹是吕贝克的自然哲学教授。这幅版画绘制了哈雷彗星在 1607 年回归时，所经过天区各个星座的形象。下方的文字提供了有关彗星和所经星座的基本信息。

1607 年哈雷彗星回归，当时第谷、开普勒等著名天文学家都对其进行观测。在此之前，第谷尝试论证 1577 年的大彗星是在地球大气层之外的天体。而开普勒本人提出彗星是月下层的"以太"自发形成的。然而关于彗星本性的争论一直持续到伽利略时期。已知该图的另一个副本收藏于纽伦堡大学图书馆。

▲ 注意虚线表示彗星所经过的路径，从左到右依次经过了大熊座、后发座、牧夫座、北冕座、蛇夫座，图上还标记了彗星经过星座对应的日期。

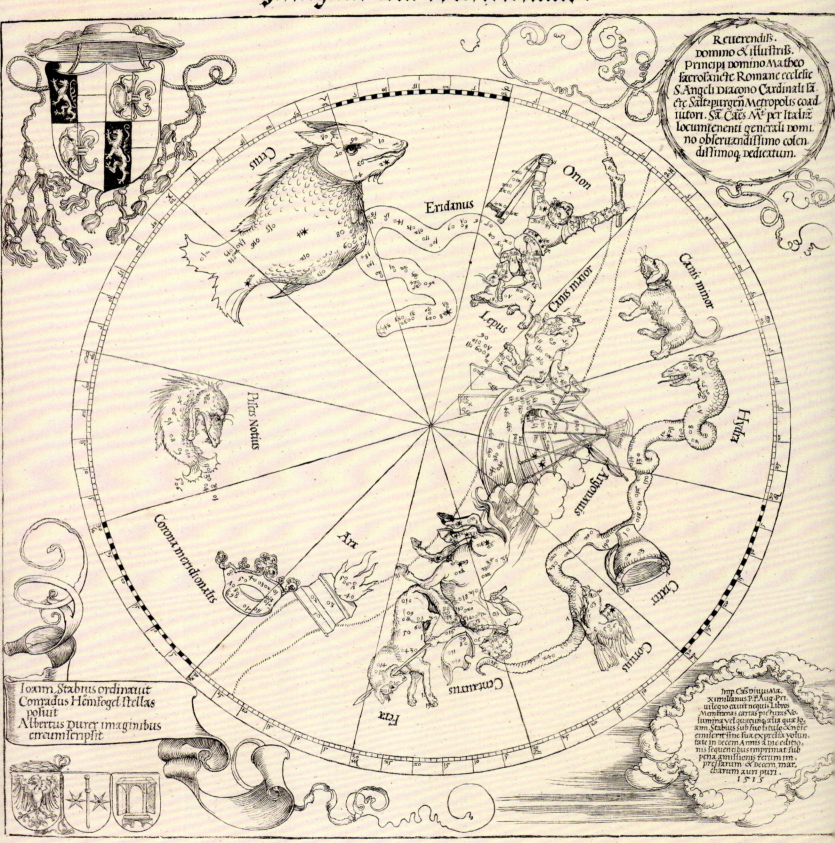

南天星图
Imagines Coeli Meridionales

作　　者　　阿尔布雷希特·丢勒（Albrecht Dürer）等
出版日期　　1515 年初版，1867 年再版
尺　　寸　　430mm×433mm

这幅《南天星图》版画的最早原始版本，由杰出的艺术家阿尔布雷希特·丢勒雕刻而成。他在神圣罗马帝国马克西米利安一世皇帝和红衣主教的赞助下，与皇家天文学家约翰内斯·斯塔比乌斯（Johannes Stabius）以及纽伦堡的天文学家康拉德·海因福格尔（Conrad Heinfogel）合作完成了两幅南北天星图，分别为《北天星图》和《南天星图》。星图于 1515 年于纽伦堡首次出版。这两张星图也是欧洲有史以来首套印刷出版，包含南北区大部分星空，并具备科学精度的星图。

此图上的星座较少，特别是靠近南天极的区域，原因是这一区域的星空还未经过完整测绘，直到 1595 年至 1597 年荷兰航海家在南半球的马达加斯加和东印度群岛对南天星空进行全面测绘之后，对应这一天区的欧洲星图才基本补充完整。

左下角则是三位作者的纹章和印有他们姓名和具体工作的介绍。三人之中斯塔比乌斯负责完成整体设计，海因福格尔定位恒星坐标位置，而丢勒则绘制各个星座的图像。

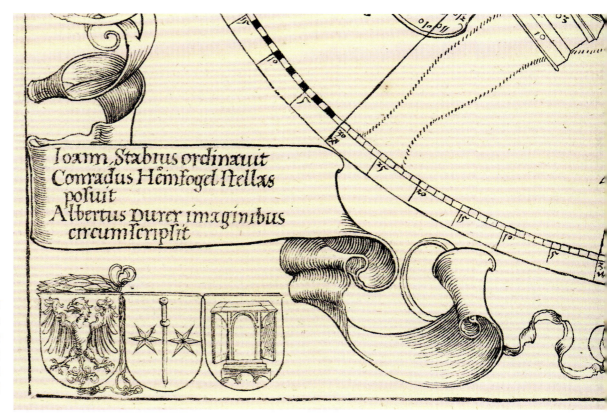

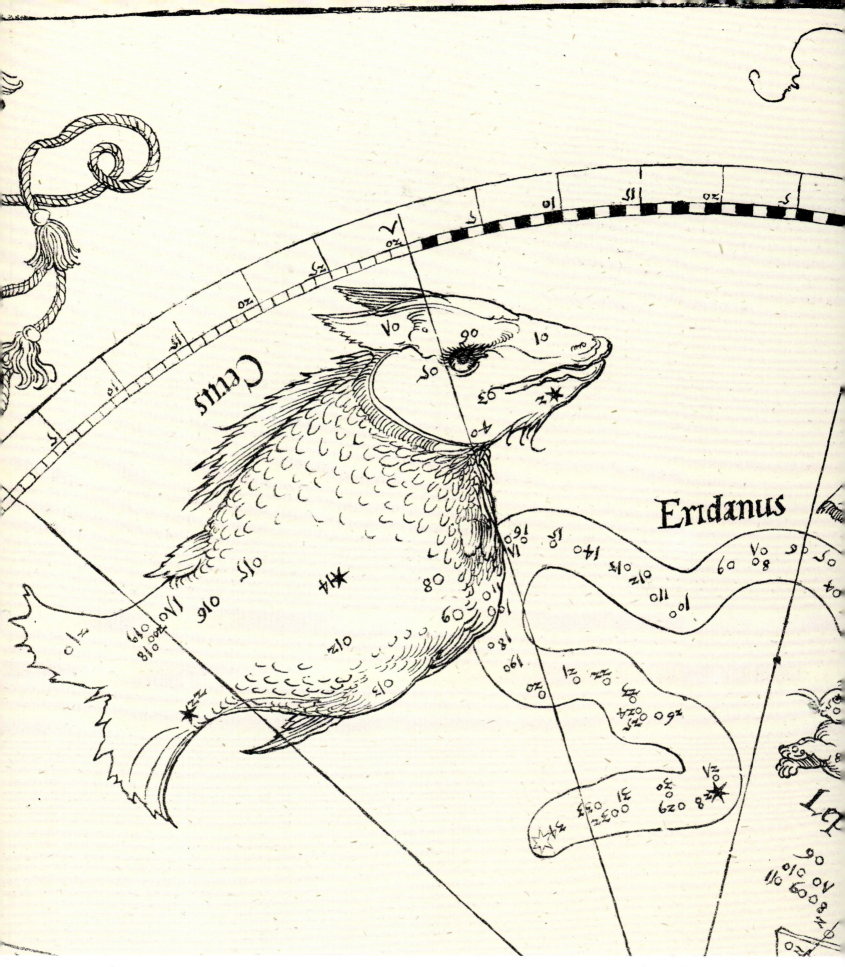

星图的星座图案均以天球之外观察的视角呈现，其中的一等、二等星以及部分三等星，用★形符号表示。较暗的恒星则标记为空心圆圈，
同时在星点一旁标记顺序数字。通过星图上的坐标刻度可以准确读取星星的位置。

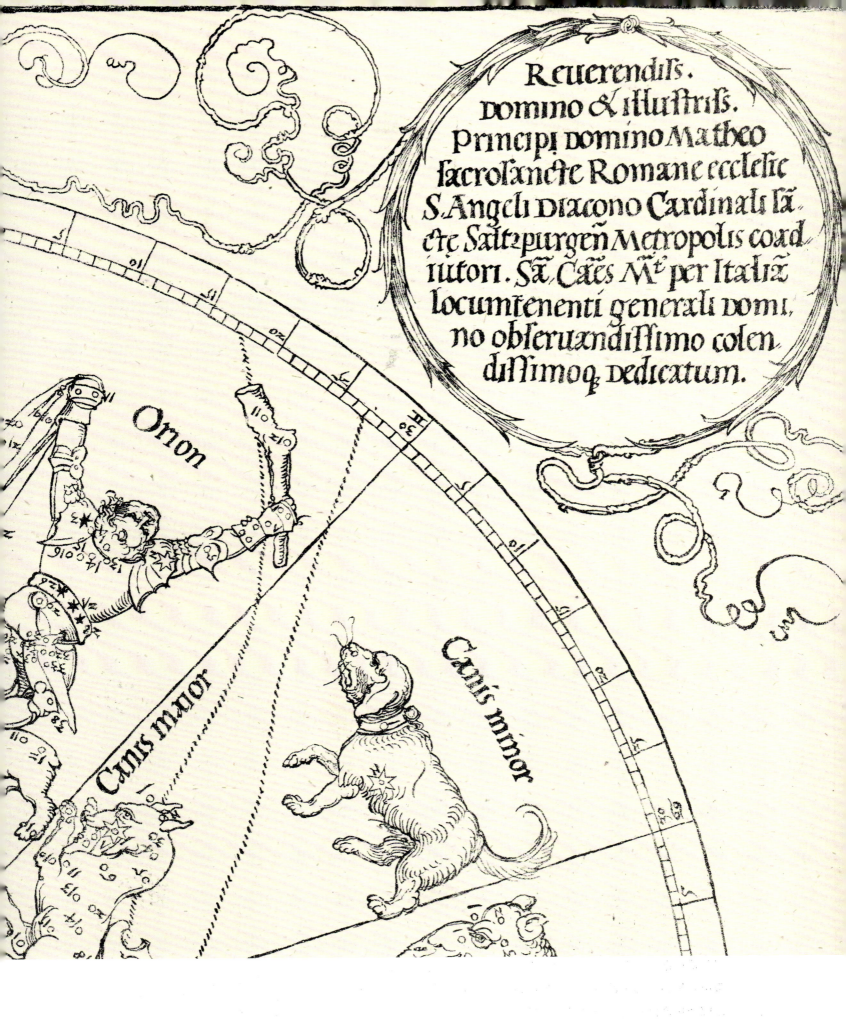

Reuerendiss.
domino & illustriss.
Principi domino Matheo
facrofancte Romane ecclesie
S. Angeli Diacono Cardinali san
cte Saltzpurgen Metropolis coad
iutori. Sa. Caes Mt per Italia
locumtenenti generali domi.
no obferuandissimo colen.
dissimoq dedicatum.

Orion

Canis maior

Canis minor

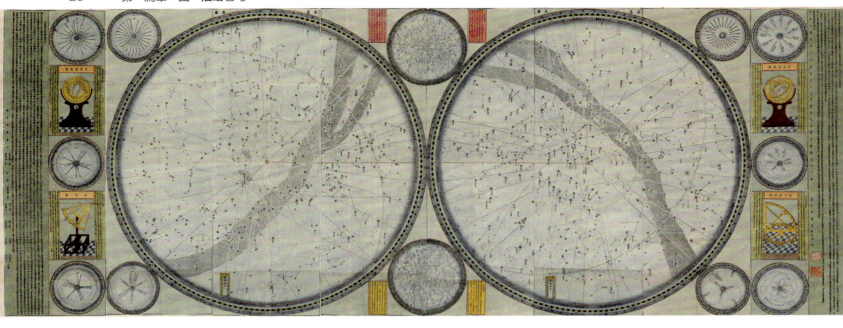

赤道南北两总星图

作　　者　徐光启、李天经、汤若望等
出版日期　1634 年
尺　　寸　1685mm×4460mm

该图的原型为崇祯七年（1634 年）汤若望向明崇祯皇帝进呈的《赤道南北两总星图》。进呈时，星图被装裱为屏风。中央的两主图为以赤道南天和北天组成的《全天恒星图》，上下辅图包含《古赤道图》及《黄道星图》，两侧还有赤道经纬仪、黄道经纬仪、纪限仪、地平经纬仪等四件源于丹麦天文学家第谷的西式仪器图。此外，周围还有五大行星的经图和纬图，说明行星在黄经和黄纬上的视运动轨迹，表现方法与古希腊天文学处理行星运动的本轮均轮体系相似。

全图共分八个条幅，中间两个圆形的赤道南、北星图各占三个条幅，右侧和左侧两条幅分别为徐光启《赤道南北两总星图叙》和汤若望《赤道南北两总星图说》两篇短文。上海天文馆收藏的这件为梵蒂冈宗座图书馆所藏明印设色本的高精复制品。每幅屏条宽约 64 厘米，高 168.5 厘米，拼接后总宽度约为 446 厘米，梵蒂冈藏本为汤若望寄回欧洲的副本，内容与进呈崇祯的明代星图屏风一致。中国第一历史档案馆藏有在明代印版基础上，由汤若望修改删减后，以厚彩和金箔再次装饰的清宫藏版。

中央星图标记星等的说明，标记了一至六等星，其中所谓"气"一般是指星云和星团等天体。过去星图星表中没有收录之星，注明为增星。

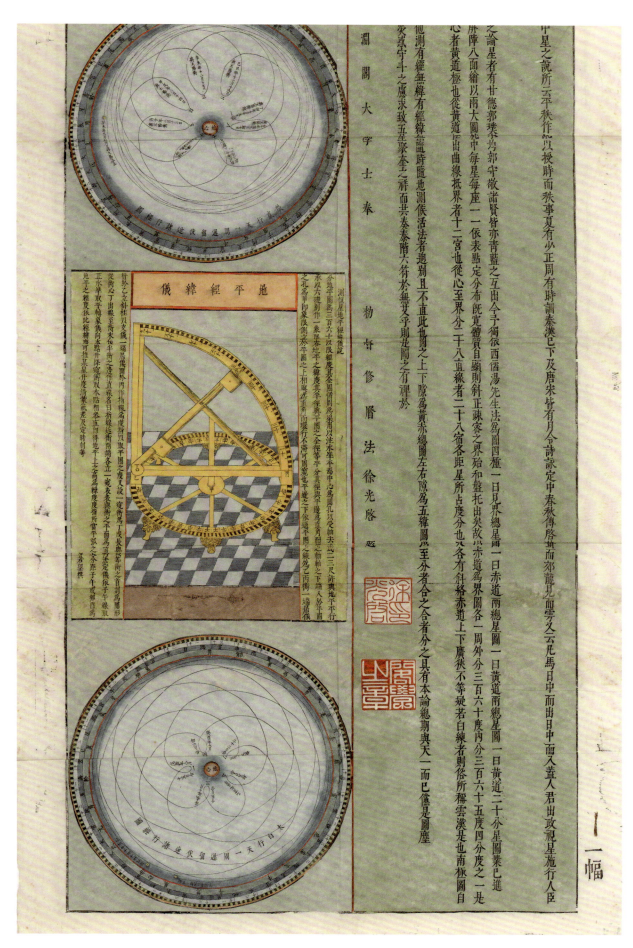

此图为大图的右下区域放大局部，包含徐光启所写《赤道南北两总星图叙》的局部，并盖有"徐光启印"以及"阁学之章"。左上为仿照第谷仪器的设计图，以及金星在经度上的长期视运动轨迹。

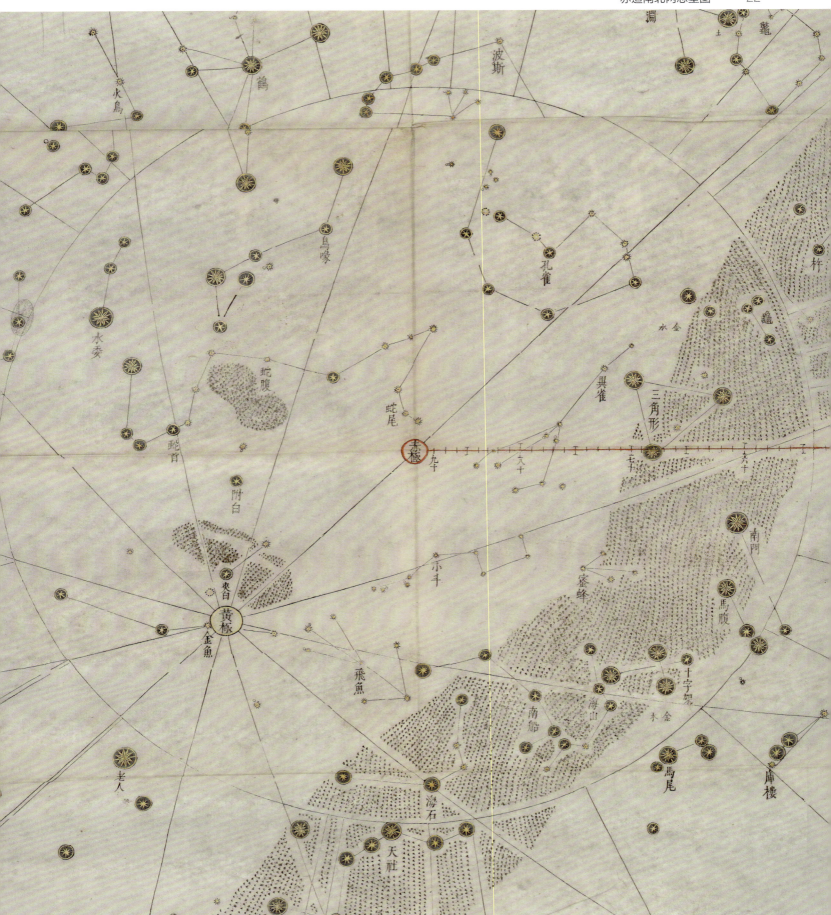

《南天星图》中靠近南极的区域，大部分星宿的名称来于汤若望等人对西方星座名称的翻译。

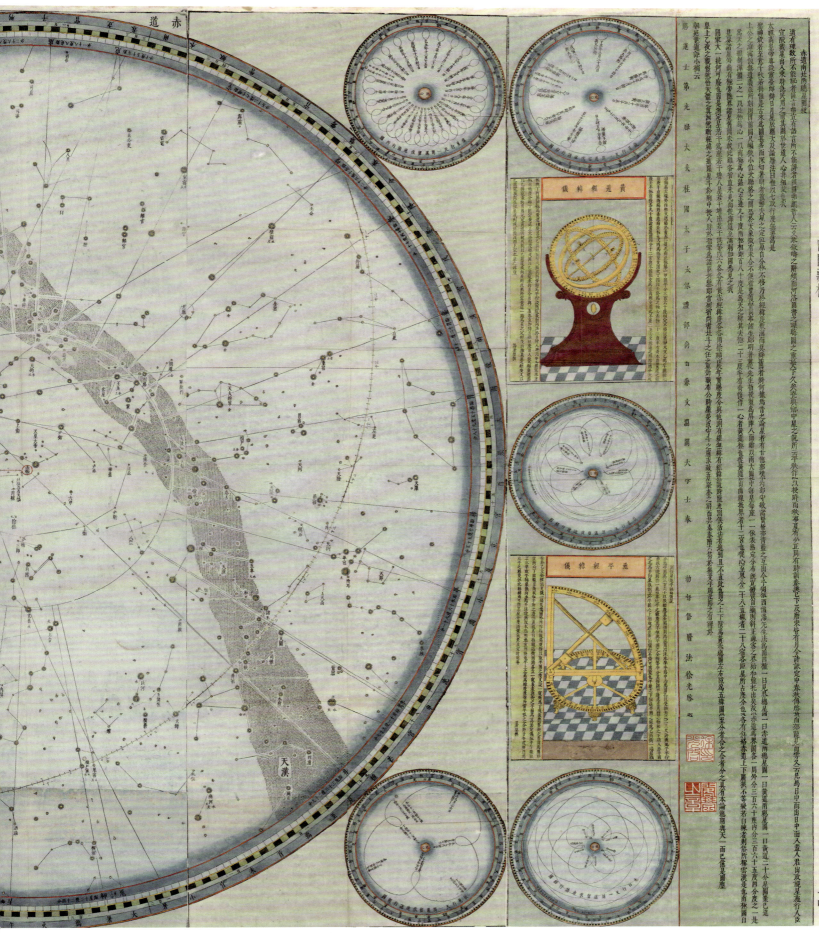

黄道总星图

作　　者　汤若望
出版年代　清初
尺　　寸　1330mm×330mm

该图上方为《黄道南北两总星图说》，下方为以黄极为标准的《南天恒星图》《北天恒星图》。黄道是太阳在天球上的视运动轨迹，以此进一步衍生了黄道坐标系。当时欧洲天文学常用黄道坐标系统测绘标记天体，该系统与中国古代传统赤道坐标系明显不同。图中南北天球的直径均为 26 厘米，以黄极为圆心，外圈黄经以黄道十二宫每宫 30 度划分，黄纬则标记有等间距的刻度。图说中署名为"远西耶稣会士汤若望撰，山阴陈应登校"。

该图现存有明刊本和清刊本各一，上海天文馆收藏的这件为梵蒂冈宗座图书馆藏清刊本的复制品，应为《崇祯历书》之中提及的《黄道南北两总星图》完成品，但汤若望在入清后对印版有少量删减调整。

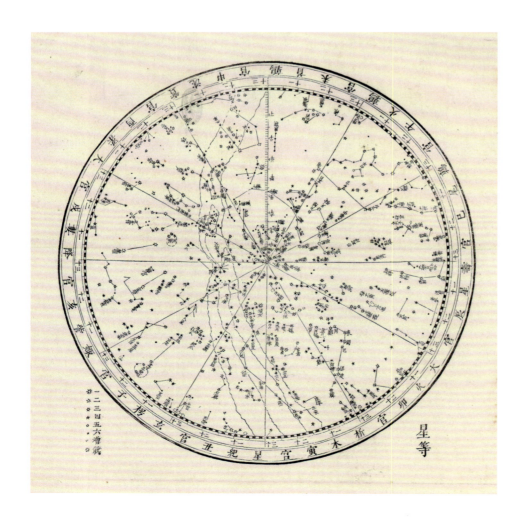

黃道總星圖

黃道南北兩總星圖說

黃道南北兩總星圖一以黃道北極為心一以黃道南極為心皆以黃道經度為界從心出直線十二抵界者分黃道十二宮次又細分三百六十平度為黃道經度也南北直線從心上下各細分九十平度則黃道緯度也凡星七政皆循黃道行與赤道途徑不同故行赤道經緯時變易其行黃道經緯則終古如一矣其度法略同赤道圖但彼所得者當云其年某星之赤道經緯度分此所浮者當云其緯度分而已正以終古如一故也凡恒星循黃道東行每年行一分四十三秒七十三微二十六纖六十九一百九十一七十三刻而行一度二萬五千二百零二年九十一日二十五刻而行天一周亦終古恒如是即所謂歲差古曆所定或五十年元德之書七十五年而行一度或今會通名象詳測經緯增補關道刪除虛謬共傳巫咸石申甘德之書三垣二十八宿三百座凡有名之星一千四百六十一西曆則分十二宮四十九像其說異此大星一等十七次二等五十七次三等一百八十五次四等三百八十九次五等二百九十五次六蓋有名者一千二百六十六餘皆無名矣然而可圖者止此若依法仰觀所見實無數也他諸論說略及其恒星曆指黃道赤道各經緯度分及等第情性略見本表茲未及詳焉

遠西耶穌會士湯若望撰
山陰陳應登較

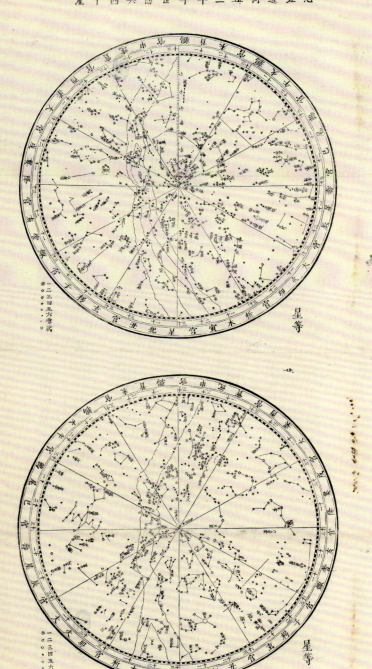

星等
一二三四五六增減

黃星等
一二三四五六增減

见界总星图

作　者　汤若望
出版年代　1631 年
尺　寸　1250mm×670mm

该图上方为《见界总星图解》一篇，下方为《北天圆形星图》一幅。顶部题"见界总星图"，图说署名为"极西耶稣会士汤若望撰"，图以北天极为中心，采用球极投影法，将当时明朝所属地域可见绝大部分恒星绘制在圆形平面之上，不可见之南天恒星则不绘。该图选取最南观测点为滇南区域，以实现作者"各省直所得见之星无不备载，可名为《总星图》矣"的目标。

该图现存有明刊本和清刊本，上海天文馆收藏的这件为梵蒂冈宗座图书馆藏明刊本的复制品，应为《崇祯历书 · 恒星历指》中提及的《见界总星图》，汤若望在入清后对署名处有删减调整。

見界總星圖

見界總星圖解

見界總星圖者以赤道之北極為心以赤道為中圈以見界為界見界者取北極出地三
度為限則闊與之以且可見諸星無不在矣自此以南難以後加者為渾天圓體赤道之
南天度漸狹而在圓則漸廣形勢相遠是故無法可以入圖也必川赤道為界分一二
二極為心然後體理和騰故別作赤道南北二總圖本圖外界分三百六十度之赤道經星
也從心至界分二十八直線者依二十八宿各距星分二十八宿各古度分三百六十五
度四分度之一也此各宿度分之後秦武家前家多多之後家種種不一也世造曆更
崇禎元郭守敬等測多後秦落下閎測得二度唐一行朱皇祐僧一行造曆更之
推究至此莖然不解但儒摩膝度以較并微有動移期前人所測或有未備而巳夫謂師
未備他衛有之此期千四百年如彼其二十八百餘年而行一周正謂微有卽移其非久之
無一令安得較謬至且其推諸法又何以不甚家商謂誤測必不然也非自微有動
庶幾近之而不能推明其所以然之故今以西曆詳考黃赤經緯變易而二十八宿分
日日刻刻皆有參差特此差經二萬五千四百餘年而彼多諸名家所測如彼其詳而
覺故後此數十百年係法推變正是事宜今赤極後閎見若精言之
者後來此測五分今測之不齊無分且侵入參宿二十四分今各宿距星所得多差甚
度元測五分今測之不齊無分且侵入參宿二十四分今各宿距星所得多差甚
羅辉度分并十川平邊界尺從圖心引線切外帆圖邊所指某宿某度分卽本年卽知
之赤道經度分次用則器候元定界尺從赤道量至本星以為度也依南北分度分卽知
繪圖立表測天三事求黃道分合各圖中止畫一規及經度度其查考經緯度分別
量得沒分卽本年本心之赤道經度分次視木圖本星所測官分查本官表所註度分卽知
之赤道經度分并十川平邊界尺從圖心引線切外帆圖邊所指某宿某度分卽本年卽知
繪圖立表測天三事求

黃道分合各圖中

極西耶穌會士湯若望譔

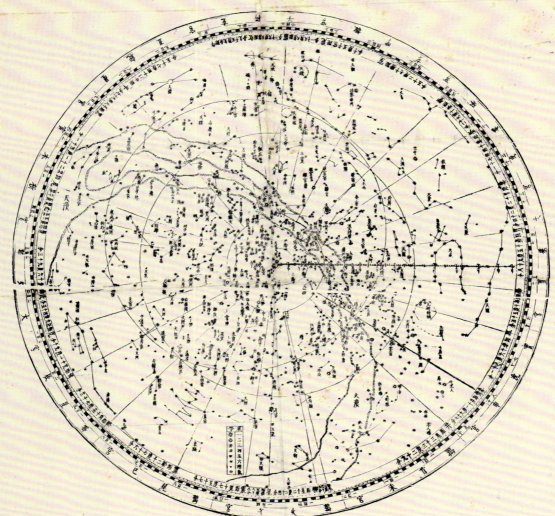

康熙十年二月十五日丁酉夜望月食图
Typus Eclipsis Lunæ

作　　者　南怀仁　Ferdinand Verbiest
出版年代　1671 年
尺　　寸　283 mm × 2400mm

当地、月、日三球排列为直线，且月球进入地球阴影，即为月食。古代封建王朝将君权与天命相互结合。在古代天学体系中，日、月食均被视为凶象，发生月食，则说明国家刑律混乱。为回应天变，君王必须采取措施来纠正"错行"，即"日食修德，月食修刑"。清朝沿袭明朝制度，采用相似的敬天传统维持皇权体系，逢日月交食，均行救护之礼。

南怀仁 1657 年来到中国，之后长期在钦天监内工作。从 1669 年起到 1688 年去世，他先后担任钦天监监副和监正之职。在他撰写的《欧洲天文学》中，写道："另外一个并不轻松而又带有危险性的任务，这就是要计算所有的日、月交食现象。因为这庞大的帝国划分为 17 个行省。每一次的日、月交食现象都必须计算出有关各个行省的省会城市的经度和纬度。因此对一次日食的计算，就包含 17 个行省的数据，汇总起来就是一大本。……另一方面，所有即将发生的日、月交食现象的时间都必须提前六个月计算出来，报告给皇帝。这样，有关的消息就能够及时传到哪怕是最遥远的省份。这就使那里的人们可以在预报的那一天的那个时辰观察日、月交食的天象。"

这幅木版画卷轴用 17 幅图描绘了 1671 年 3 月 25 日的月食各阶段的状态，每省（首府）一幅，最后一幅是朝鲜。文本采用满汉双语，拉丁文扉页上是南怀仁的笔迹，可能是南怀仁为了将他在中国的工作情况传回欧洲而特意增加。该图在世界范围约有十余幅印版留存，均存于欧洲。此图为上海天文馆从欧洲征集。

康熙十年二月十五日丁酉夜望月食分秒時刻并起復方位

京師月食十六分五十七秒

月出地平帶食八分三十九秒

初虧　酉初初刻半強　　正東
食既　酉正一刻強
食甚　戌初一刻弱
生光　戌正初刻半弱
復圓　亥初初刻半強　　正西稍偏南

計食限內尾十六刻強

食甚月離黃道壽星宮四度五十八分為翼宿十五度四十五分

復圓赤道壽星宮四度二十五分為軫宿二度四十六分

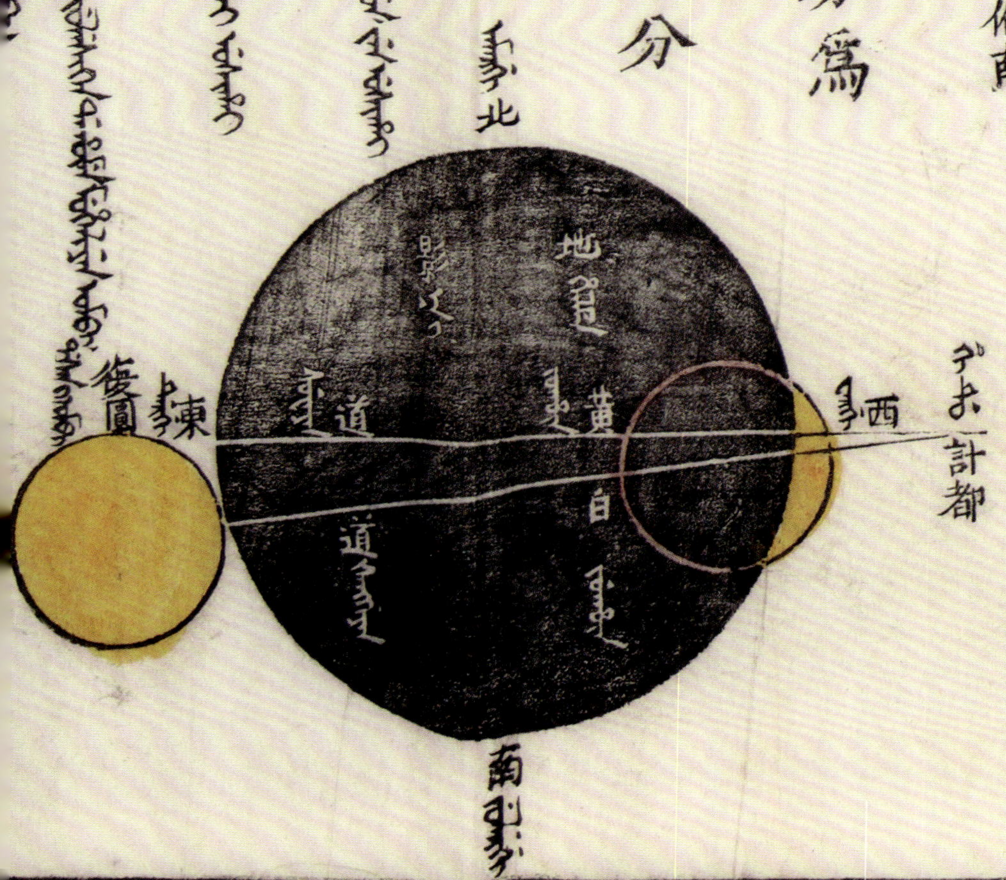

北　地影　黃道　赤道　計都　西　東　復圓　南

pús eclipsis Lunæ,

nno Christi 1671,

mperatoris Cãm Hy

ecimo, die XV^to Lunæ ii^æ,

d est, die XXV^to Martij;

d meridianúm Peki=

nensem; nec non ima=

jo adumbrata diverso=

rum digitorúm in ho=

rizonte obscúratorúm,

in singúlis Jmperij Sinen=

sis provincijs, tempore quo

lúna in singúlis oritur.

uctore P: Ferdinando

erbiest, Societ:^is Jesu,

in Regia Pekinensi,

Astronomiæ præfecto.

康熙十年二月十五日丁酉夜望月食圖

康熙十年二月十五日丁酉夜望月食圖

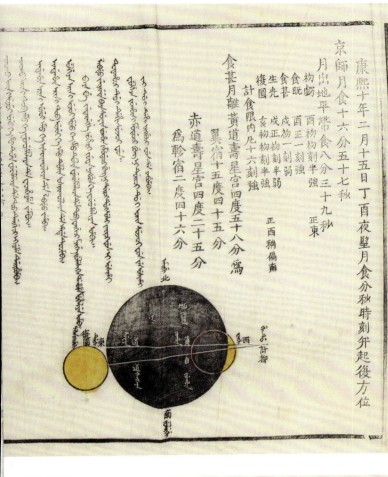

京師月食十六分五十七秒

康熙十年二月十五日丁酉夜望月食分秒時刻并起復方位

月出地平帯食八分三十九秒

初虧酉初初刻半強　正東
食既酉正一刻弱
食甚戌初初刻半弱
生光戌正初刻半強
復圓亥初初刻半強　正西稱偏南
計食限内凡七十六刻強

食甚月離黃道壽星宮四度五十八分為
赤道壽星宮四度四十五分
翼宿十五度二十五分
軫宿二度四十六分

Typus eclipsis Lunæ, Anno Christi 1671, Imperatoris Cam Hy decimo, die XV.to Lunæ ii.e id est, die XXV.to Martij; ad meridianúm Pekinensem; nec non imago adumbrata diuersorum digitorúm in horizonte obscuratorúm, in singulis Imperij Sinensis prouincijs, tempore quo luna in singulis oritur. auctore P. Ferdinando Verbiest, Societ.is Iesu, in Regia Pekinensi, Astronomia præfecto.

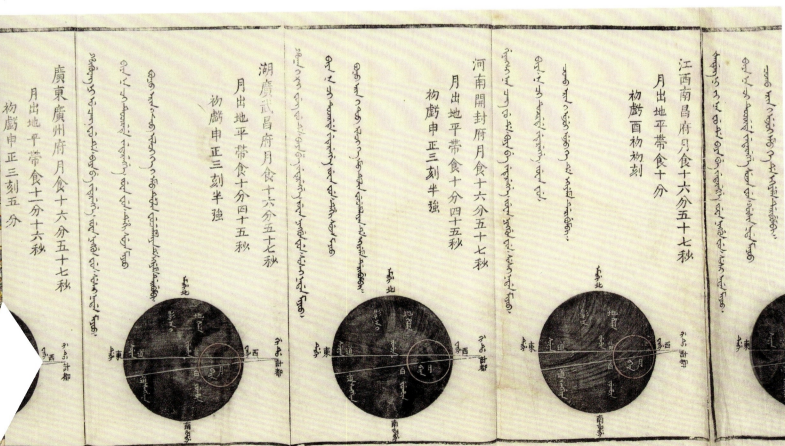

江西南昌府月食十六分五十七秒
月出地平帯食十分
初虧酉初初刻

河南開封府月食十六分五十七秒
月出地平帯食十分四十五秒
初虧申正三刻半強

湖廣武昌府月食十六分五十七秒
月出地平帯食十分四十五秒
初虧申正三刻半強

廣東廣州府月食十六分五十七秒
月出地平帯食十一分十六秒
初虧申正三刻五分

托勒密宇宙体系场景图
Scenographia Systematis Mundani Ptolemaici

作　　者　塞拉里乌斯　Andreas Cellarius
出版年代　1708 年再版
尺　　寸　430mm × 500mm

《和谐大宇宙》的第二张星图，作者以侧向视角呈现了古希腊天文学家托勒密的地心说宇宙体系。在这一体系中地球位于宇宙中心，其他所有天体在特定的轨道上围绕地球运转。周围的环带则表现了黄道十二宫，说明整个天球也同时围绕着地球运转。

在中央的地球地形表现了当时欧洲探险家对于世界的最新探索成果，包含较为完整的欧洲和亚洲版图，以及南极洲的存在、部分的澳大利亚，美洲因为在另一侧半球所以未能呈现。

哥白尼宇宙体系场景图
Scenographia Systematis Copernicani

作　　者　塞拉里乌斯　Andreas Cellarius
出版年代　1708 年再版
尺　　寸　500mm×430mm

《和谐大宇宙》的第五张星图，图中以特别的方式表现了哥白尼宇宙体系中的天体位置关系。哥白尼体系将太阳作为宇宙的中心，处于轨道四周的四个地球象征着地球在四季不同的公转位置。同时按照水、金、地、火、木、土的顺序呈现成了行星的轨道，最外层则是代表恒星天层的黄道十二宫。

第谷·布拉赫天图
Planisphaerium Braheum

全　　称　布拉赫假设中的宇宙构造
　　　　　　　Planisphaerium Braheum,Sive Structura Mundi
　　　　　　　Totius, ex Hypothesi Tychonis Brahei in Plano
　　　　　　　Delineata
作　　者　塞拉里乌斯　Andreas Cellarius
出版年代　1708 年再版
尺　　寸　430mm×500mm

《和谐大宇宙》的第六张星图，呈现了丹麦天文学家第谷·布拉赫构想的宇宙体系。第谷针对古希腊的地心说体系和之前的哥白尼日心说体系进行大量比较研究后，结合他多年的实际观测，提出了一套特殊的理论体系调和两者之间的矛盾。该体系认为地球处于宇宙中心，太阳和月亮围绕地球不停旋转，其他的行星则以太阳为中心绕转，图中特别将望远镜发现的四颗木卫表现出来。星图的右下方手持尺规者正是第谷，背后是他曾长期工作的天堡天文台 (Uraniborg)。

阿拉托斯天图
Planisphaerium Arateum

全　称　阿拉托斯天图，他所假设的宇宙结构
　　　　　Planisphaerium Arateum Sive Compages Orbium
　　　　　Mundanorum ex Hypothesi Aratea in Plano Expressa

作　者　塞拉里乌斯　Andreas Cellarius

出版年代　1708 年再版

尺　寸　430mm×500mm

这张图可能是整套星图集中最有趣的一张，它展示了金星和水星绕
太阳，其他行星绕地球运行的特殊宇宙结构。塞拉里乌斯在介绍中
写道："这种宇宙学与第谷的假设似乎完全相司。……但它又绝非
第谷发明设计，而是来自博学的希腊诗人阿拉托斯。……看来布拉
赫和哥白尼的那些假设并不是首创。"

公元前 3 世纪的古希腊哲学家阿拉托斯在他的代表作《物象》
（*Phainomena*）长诗中曾用大量语句描述天文学。然而，实
际上阿拉托斯的这些诗词与日心说体系没有关系。其实这套特
殊模型起源于公元 4 世纪的罗马天文学家卡佩拉（Martianus
Capella），并且是之前众多非完全地心的学说理论之一。卡佩拉
对宇宙的表述与阿拉托斯的诗歌曾一起出现在一篇名为 "*Leiden
Aratea*" 的 9 世纪加洛林手稿中。这一名称使得许多后来的学者
们相信这一模型是阿拉托斯提出的，塞拉里乌斯显然也信以为真。

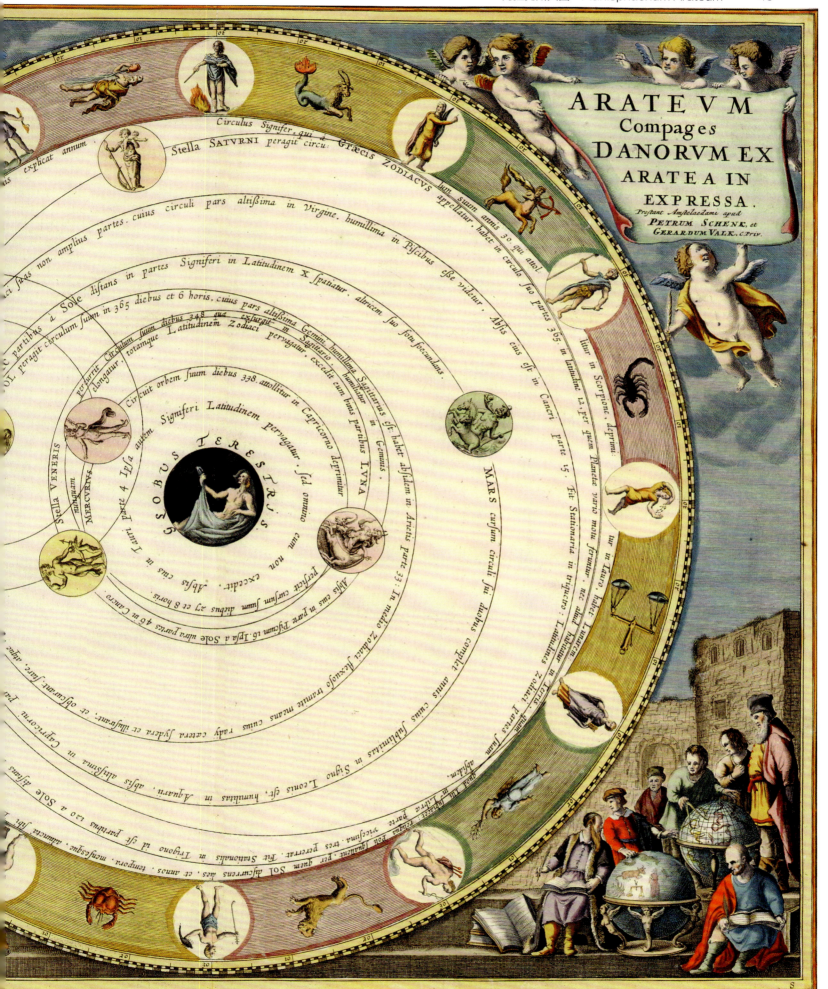

天体等级
Corporum Coelestium Magnitudines

作　　者　　塞拉里乌斯　Andreas Cellarius
出版年代　　1708 年再版
尺　　寸　　430mm×500mm

该图呈现了各个天体对比地球的比例关系。读者不仅可以直接比较星体的大小，还可以通过中间测量地球直径的标尺进行测算。图中列举了大量不同天体，包括月球、各种恒星、地球、行星以及太阳。其中一些天体的尺寸数值非常精确，例如图册中标记的地球直径数值接近真实值。月球大致正确地显示为地球的六分之一。而其他天体尺度则有许多错误，例如图中木星和土星的大小几乎相同，火星要比地球还大，金星几乎和月球一样大。图中也尝试标记了太阳之外的恒星大小，显示除了最亮的恒星，其他恒星都比土星还小。

行星的相冲和相合组合
Typus Aspectuum, Oppositionum et Coniunctionum etz in Planetis

作　　者　塞拉里乌斯　Andreas Cellarius
出版年代　1708 年再版
尺　　寸　430mm×500mm

该图展示了行星的相冲或相合，当两颗行星的位置在同一经度时，就会出现相合。而正好位于经度相差 180 度的相对位置时，就会发生相冲。行星的合与冲也是占星学体系重点关注的天象。本图的左下方和右下方的示意图则介绍了视差的基本原理。

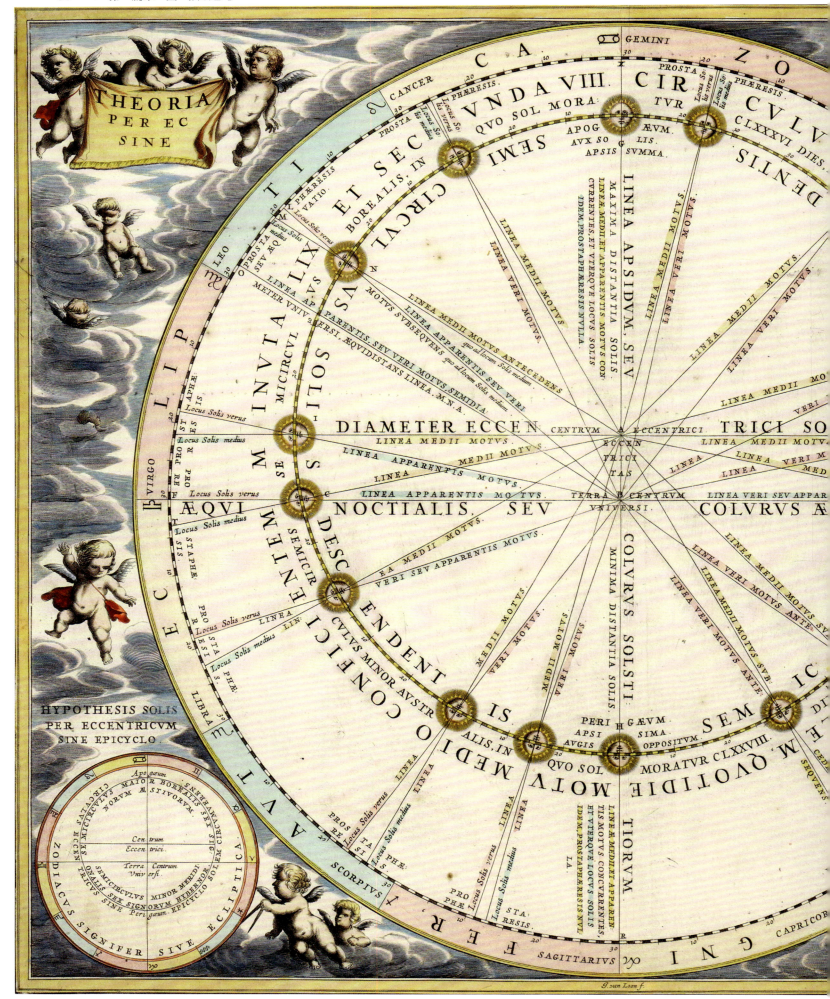

太阳本轮偏心理论图
Theoria Solis per Eccentricum sine Epicyclo

作　　者　塞拉里乌斯　Andreas Cellarius
出版年代　1708 年再版
尺　　寸　430mm×500mm

该图呈现了托勒密曾构想的太阳围绕地球运转的轨道。图中展示了春分到秋分的时长（187 天）与秋分到第二年春分的时长（178 天）。按照托勒密的说法，两者并不平衡的原因是太阳绕地球旋转的轨道圆心并不是地球，而是略微偏离地球所在位置。因此太阳在春分到秋分所经过的路径更长，所需要的时间也更久。

三大行星运行理论图
Theoria Trium Superiorum Planetarum

作　　者　　塞拉里乌斯　Andreas Cellarius
出版年代　　1708 年再版
尺　　寸　　430mm×500mm

该图是对火星、土星和木星三颗行星在地心说体系中运动的分析。虽然在之前的宇宙结构中，塞拉里乌斯已经对本轮和均轮体系进行了总体阐述，但在这张版画中，他用更多的细节演示了行星是如何在偏心圆轨道上，沿着本轮围绕地球运转。这张版画构图的平衡和对称堪称绝妙，四周绘制的小天使为这幅本意讲述复杂天文知识的图画增添了一丝童趣。

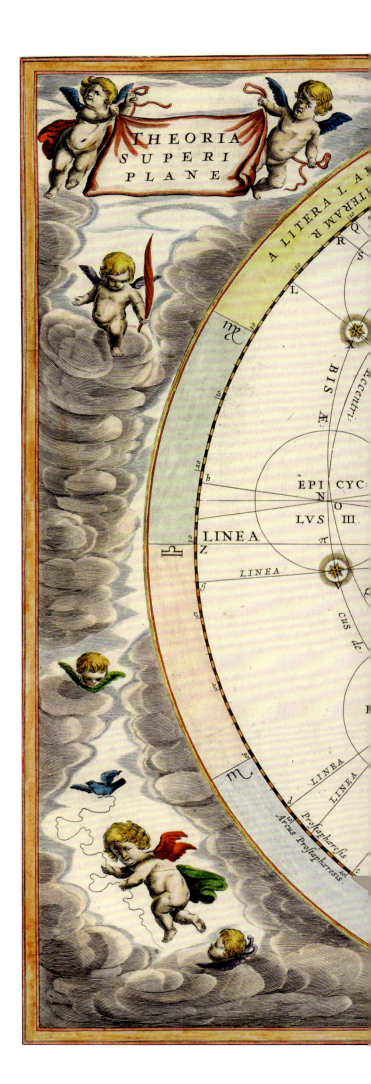

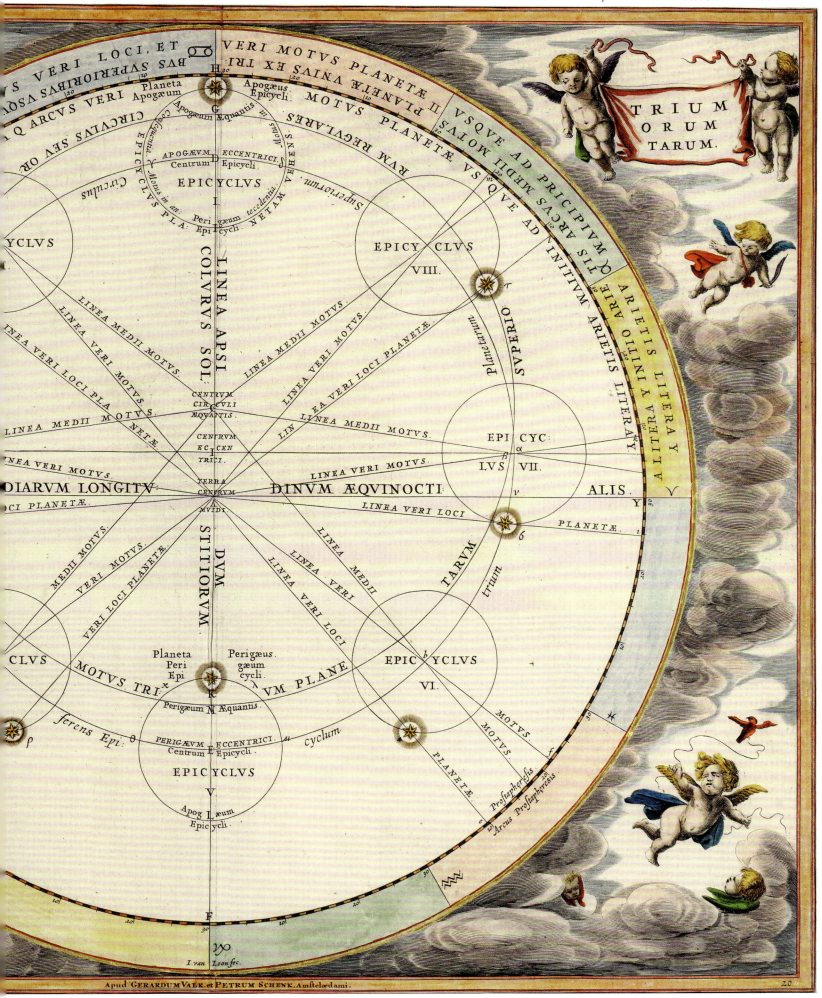

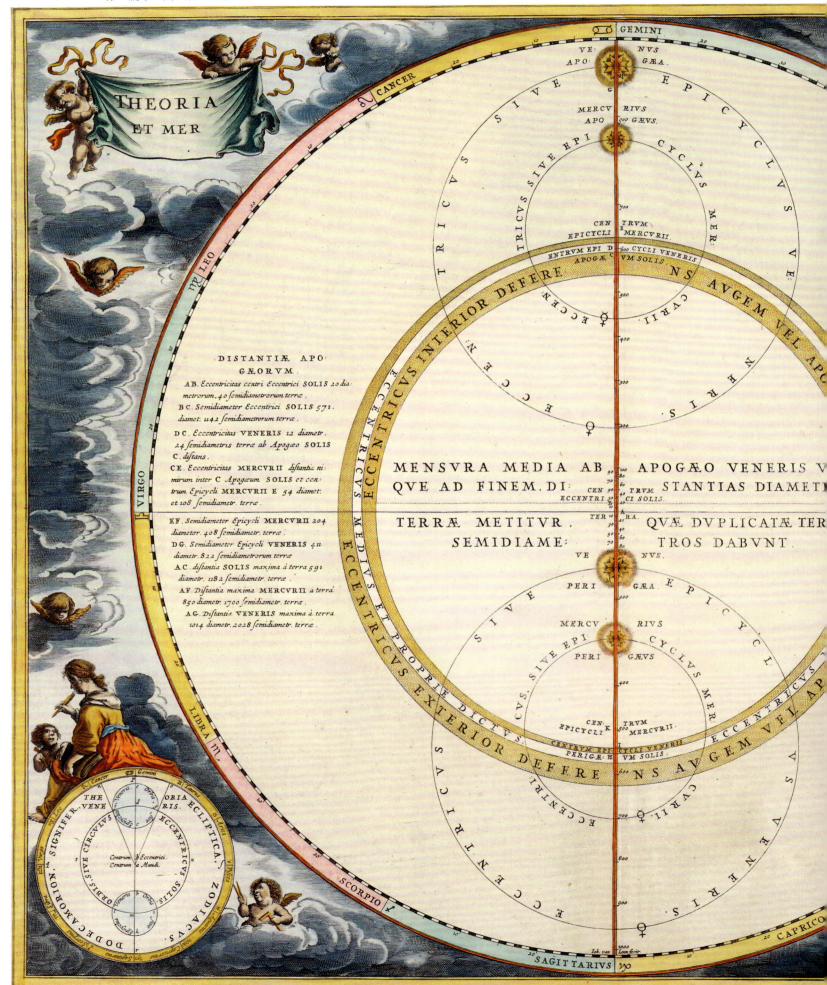

金星和水星运行理论图
Theoria Veneris et Mercurii

作　　者　　塞拉里乌斯　Andreas Cellarius
出版年代　　1708 年再版
尺　　寸　　430mm×500mm

该图意在说明行星在地心说体系下的运动，目标天体是水星和金星。塞拉里乌斯在示意图中表示了金星和水星的远地点（上方）和近地点（下方），也就是行星轨道距离地球的最远位置和最近位置。该图四周还增加了女抄写员以及手持测量仪器的小天使。

基督教式星座的天球图
Coeli Stellati Christiani Haemisphaerium Posterius

作　　者　　塞拉里乌斯　Andreas Cellarius
出版年代　　1708 年再版
尺　　寸　　430mm×500mm

该星图表现了席勒版本的"基督教星座体系"。其中的星座包含有圣斯德望、圣海伦娜、圣凯瑟琳、约伯、圣杰罗姆和抹大拉的玛丽亚，以及大天使加百列等源于基督教故事的星座形象。外围的黄道十二宫则以《圣经》中耶稣十二使徒的名字命名。塞拉里乌斯较为包容地保留了星座原来的传统名称，呈现在基督教名称的下方。

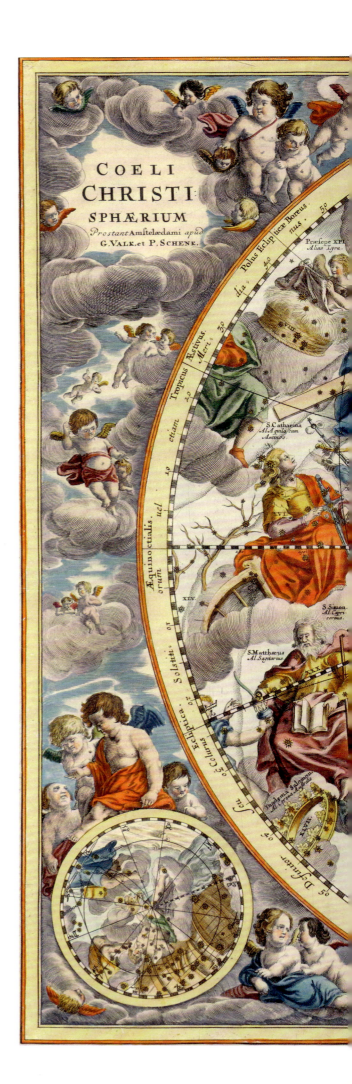

古典体系的北天星空
Haemisphaerium Stellatum Boreale Antiquum

作　者　　塞拉里乌斯　Andreas Cellarius
出版年代　　1708 年再版
尺　寸　　430mm×500mm

该图重现了早期星座体系中的北半球星图。星座均采用 1660 年之前的定义，主要源于希腊古典神话。星图中的恒星按六种不同的亮度划分，除了最经典的托勒密 48 星座外，图中还展示了底格里斯河、幼发拉底河和约旦河，以及安提诺座、蜜蜂座、鹿豹座、小蟹座和南箭座这些现在已经不再使用的星座，这些星座都是皮特鲁斯·普兰修斯（Petrus Plancius）在 1613 年提出的。

北天星空与大地

Haemisphaerium Stellatum Boreale cum Subiecto Haemisphaerio Terrestri

作　　者　塞拉里乌斯　Andreas Cellarius
出版年代　1708 年再版
尺　　寸　430mm×500mm

在这张星图中，作者描绘了两位支撑起地球的古希腊天神，分别是戴着狮头帽的半神英雄赫拉克勒斯以及来自泰坦神族的擎天神阿特拉斯。遍布繁星的北天星空和地球陆地叠加在一起，这是极其少见的处理方式，相当于将天球从外向内投射于地球之上。

UM STELLAT
CVM SUBIECTO
TERRESTRI.

赫维留斯与里乔利的
月面图比照

Tabula Selenographica in qua Lunarium Macularum exacta Descriptio secundum Nomenclaturam . . . Hevelii quam Riccioli

作　　者　　约翰·巴蒂斯特·霍曼　Johann Baptist Homann
出版年代　　1707 年
尺　　寸　　570mm×480mm

这张月面图便于读者对里乔利（Riccioli）和赫维留斯（Hevelius）绘制的月面图进行比较。在两个球体之间是一个显示月相变化的示意模型，四角绘制了不同月相图，在顶部则装饰了使用望远镜的小天使和月神戴安娜。

1647 年，赫维留斯出版了《月图》(Selenographia)，这是第一本专门讨论月球性质的作品。其中包括了一张清晰地显示月球所有可见特征的月面图，由此也创立了月面学。他使用了古罗马和古希腊文明中的一些地名。在之后的一个世纪，《月图》在新教国家一直被当作标准参考书。

里乔利也对月面图进行了大量的研究。这些研究被列入 1651 年发表的《新天文学大成》第四册。他的《月图》是基于更早的赫维留斯和米迦勒·范·朗伦的《月图》。里乔利重新对月球的特征进行了命名，这一命名系统大部分今天仍在使用。里乔利以著名天文学家的名字命名陨石坑，如哥白尼环形山、开普勒环形山。以天气结合海洋命名平坦的暗色区域，如风暴洋、冷海。他还在图中表示，月球并非适居生物生存的星球。

两幅月图在很多地形上存在差异，例如月面最显著的特征第谷环形山，是里乔利为纪念第谷而命名的，但在赫维留斯月面图中，这个巨型陨石坑被称为西奈山。

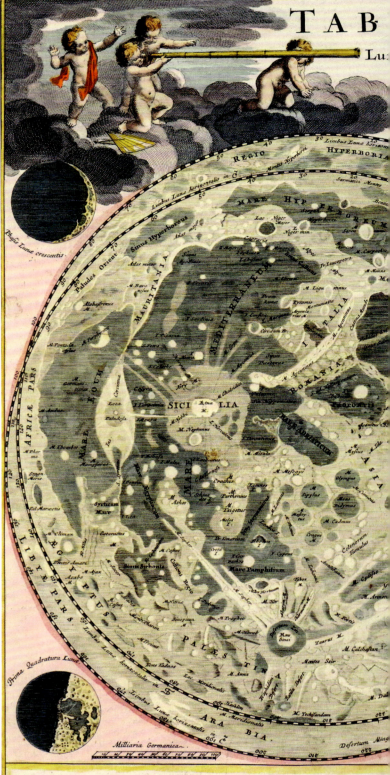

A SELENOGRAPHICA

in qua

Macularum exacta Descriptio secundum Nomenclaturam
Praestantissimorum Astronomorum
tam

HEVELII quam RICCIOLI

Curiosis Rei Sidereae Cultoribus exhibetur
à
Ioh. Gabr. Doppelmajero Math. P.P.
opera
Ioh. Baptistae Homanni
Norinbergae.

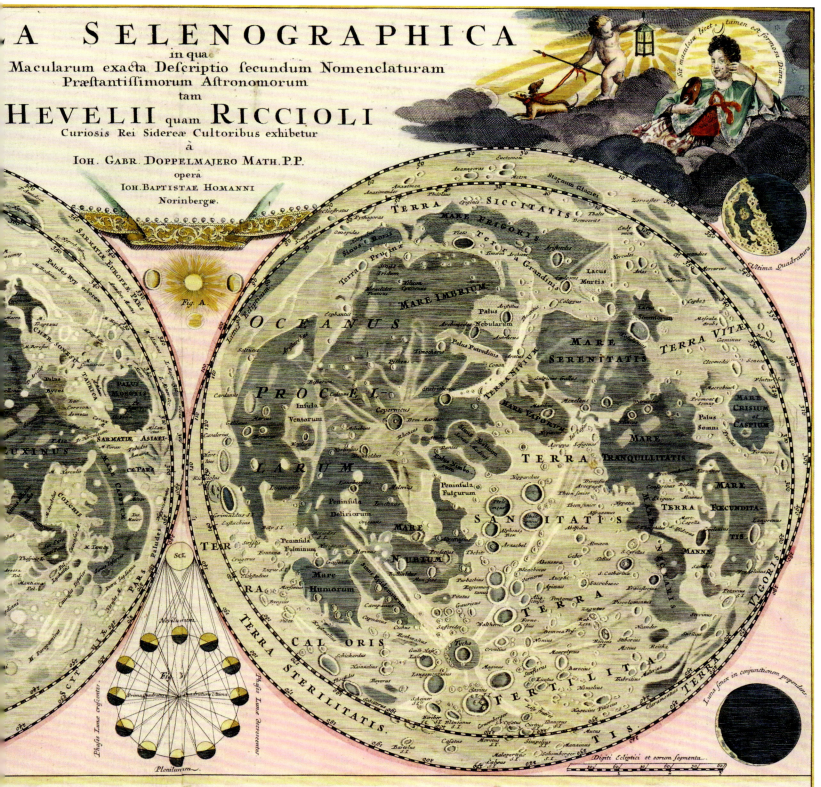

...in profunditate, quae praegrandibus semper in circulari, maeniorum instar, cinguntur eminentioribus sed non tantas et tam profundis, quam nostra exadestituerentur maribus; denique quod partes multae respectu non apparent profundae, ideoque pro materia forsan judicio cenfenda; adhibita accuratiori inspectione à Hire, nihilominus profunde nec tamen liquide cum acutissimo Galilaeo Lunam pro corpore maexistimare possent, in qua etiam fortasse substanverationes edant ab imaginatione nostra sicut respiciae que nullam cum nostris similitudinem habeant vitatione discrepantes.

...istitutibus et eminentiae quamplurimi sit reperta, sic Lune in certis à Sole distantiis adeo immustium et profunditatum numerus, qui nuper admosat, non amplius tunc sub conspectum cadat; ratio periori A intermedia facile patescit, quod scilicet quadraturas. Luna crescente à dextris maxime sisumum altissimorum circumjacentium montium sed insuper tales pro vario Solis ad Lunam positu de etiam novae maculae denominari solent) semi...

nentiae autem, cum Sol illas à latere illuminat, quam maxime conspicuae reddantur, cum è contrario à quadraturis ad oppositionem superficies Lunae, dum Sol hisce inequalitatibus magis magisque verticaliter imminere pergit, et omne, quidquid umbrosum ante fuit, pedetentim illuminat, aliam semper exhibeat faciem, ut tandem luminosa et albicans appareat.

Ex hoc fundamento bina nostra Schemata in delineatione macularum notabilem etiam differentiam involvunt, eò quod primum, HEVELIANUM puta, Luna in oppositione cum Sole existente, hoc est, in plenilunio designatum, alterum verò, RICCIOLINUM scilicet, e pluribus Lunae phasibus in unum corpus fuerit collectum. In denominationibus macularum, utpote signis et significationibus arbitrarijs, dictos Auctores inter se differre hic in aperto videmus, cum Hevelius nomina marium, regionum, fluminum et montium nostrorum imitatus, Ricciolus autem illustrium et de re sidereâ optimè meritorum Astronomorum, complurium praesertim suae Societatis Mathematicorum nomina pro usu Astronomico sibi elegerit.

Bini circa Lunam limbi se invicem secantes nihil aliud quam motus alicuius in Luna libratorii terminos, intra quos perpetua deprehenditur librationis variatio, subindicant, qui hodie demum per Tubos è diversa macularum nonnullarum mutatione observatus, nec Veteribus olim notus fuit, eandem quippe nobis faciem constantissimè semper Lunam obvertere existimantibus, peragit autem hic motum suum libratorium per quatuordecim circiter dies trigesima sexta tantum

...diametri suae parte in plagam superiorem ab Austro Corum versus, dum Luna versatur in descendentibus signis, in ascendentibus autem per idem tempus et spatium secundum Hevelii et aliorum observations retrorsum iterum, et sic porro recilatur videtur.

Eodem tempore, menstruo nempe spatio Lunam quoque orbitam suam, dum porro et retro librationem absolvit, peragere, et pro vario situ diversas phases, hoc est luminis figurationes varias prout figura media inferior B. subindicat, simul exhibere deprehendimus, cum pars Lunae illuminata max crescere, mox decrescere pro maiori vel minori Lunae à Sole distantia debeat, quae sanè luminis non proprii sed à Sole mutuati signa sunt indubia, interim non obstante, quod lumen quoddam debile haud multo ante et post novilunia, de quo olim multae inter Astronomos movebantur lites, maculas Lunares nonnihil reddat conspicuas, cum extra omne dubium sit positum, hoc suam originem à Terrae nostrae superficie duodecies, et quod excedit, maiori quam illâ Lunae, radios Solis tunc temporis omnium copiosissimos in illam reflectente, habere, eò quod hac reflexione cessante, ipsum etiam putatorum lumen nonnunquam plané cum ipsa Luna in Eclipsibus disparuerit.

Ultimo denique loco duplicem pro Luna Mensurae longitudinaria notandae quoque veniunt, quarum unam pro distantiis et magnitudine macularum autem ut et diametro Lunari, quae secundum Hevelium 404 mensuratur milliaribus, per Germanica milliaria definiendis, alteram pro quantitate Eclipsium Lunarium tam secundum digitos Ecliptcos quam eorum partes exactè describenda, huic tabulae apposuimus.

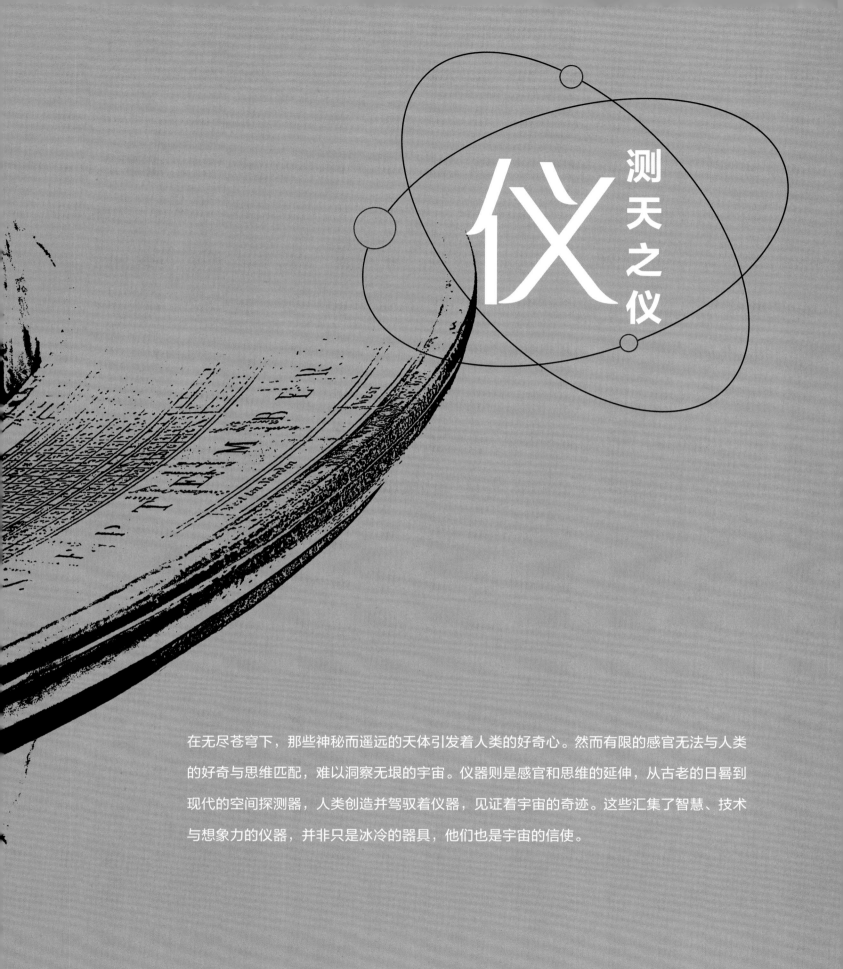

仪

测天之仪

在无尽苍穹下，那些神秘而遥远的天体引发着人类的好奇心。然而有限的感官无法与人类的好奇与思维匹配，难以洞察无垠的宇宙。仪器则是感官和思维的延伸，从古老的日晷到现代的空间探测器，人类创造并驾驭着仪器，见证着宇宙的奇迹。这些汇集了智慧、技术与想象力的仪器，并非只是冰冷的器具，他们也是宇宙的信使。

16 世纪纸质星盘
Sixteenth Century Paper Astrolabe

制造者   菲利普 · 丹弗里   Philippe Danfrie
年 代   1578 年
尺 寸   直径 216mm   厚 18mm

星盘是历史非常古老的天文仪器，实际上是一种手持宇宙天球模型，其原理是将立体的星空图景投射在平面圆盘之上，同时内置了很多测量标尺和辅助计算功能。天文学家可以通过一块星盘，实现测量天体高度、识别恒星、在纬度和时间之间换算等许多复杂功能。从古典时代直到地理大发现，星盘作为实用便携的天文仪器扮演着关键角色，同时星盘也是重要的仪式性工具，许多欧洲和阿拉伯的星盘设计精美华丽，堪称艺术品。

上海天文馆收藏的这件 16 世纪纸质星盘来自法国，制造者是著名的科学仪器工匠菲利普 · 丹弗里，他以设计制作科学仪器而闻名，他擅于制作铜制仪器的纸木普及替代品。16 世纪欧洲的纸质仪器相当普遍，为无法负担黄铜仪器价格的人提供了廉价可靠的替代品。丹弗里出品的同款纸质星盘仅存世五件，分别收藏于欧美博物馆和机构中。

格里式 3 英寸铜制反射望远镜
3 Inches Brass Gregorian Reflecting Telescope

制造者　小乔治 · 亚当斯　George Adams Jr.
年 代　约 1780 年
尺 寸　高 355.6mm　宽 457.2mm　口径 76.2mm

格里式望远镜是以设计者詹姆斯·葛列格里（James Gregory）的名字命名的望远镜样式，其由两个凹面镜组成，主镜收集光线，并在第二个凹面镜之前通过焦点反射回主镜，穿过主镜中心的洞，由底部的末端射出，可以经由目镜直接观看。这种设计允许观测者站在主镜的后方，呈现正立的影像。望远镜通过连接在管子外部的螺纹杆进行对焦。

用于固定及控制俯仰角度的部件。

制造商小乔治·亚当斯是英国科学家、光学仪器制造商兼科学作家。他继承了父亲的仪器公司以及英王乔治三世仪器制造商的资质。

镜筒上的信息："亚当斯数学仪器制造公司，来自伦敦弗利特街。"

主镜筒细节。注意反射望远镜与折射望远镜的区别。

2.75 英寸折射望远镜
Refracting 2.75 Inches Telescope by Fraser

制造商	威廉 · 弗雷泽　William Fraser
年　代	1800 年
尺　寸	高 508mm　宽 960mm

来自弗雷泽公司的 2.75 英寸黄铜制折射望远镜，弗雷泽于伦敦邦德街 3 号建立了光学和数学仪器公司，1796 年至 1812 年该公司为乔治三世制造各种仪器。

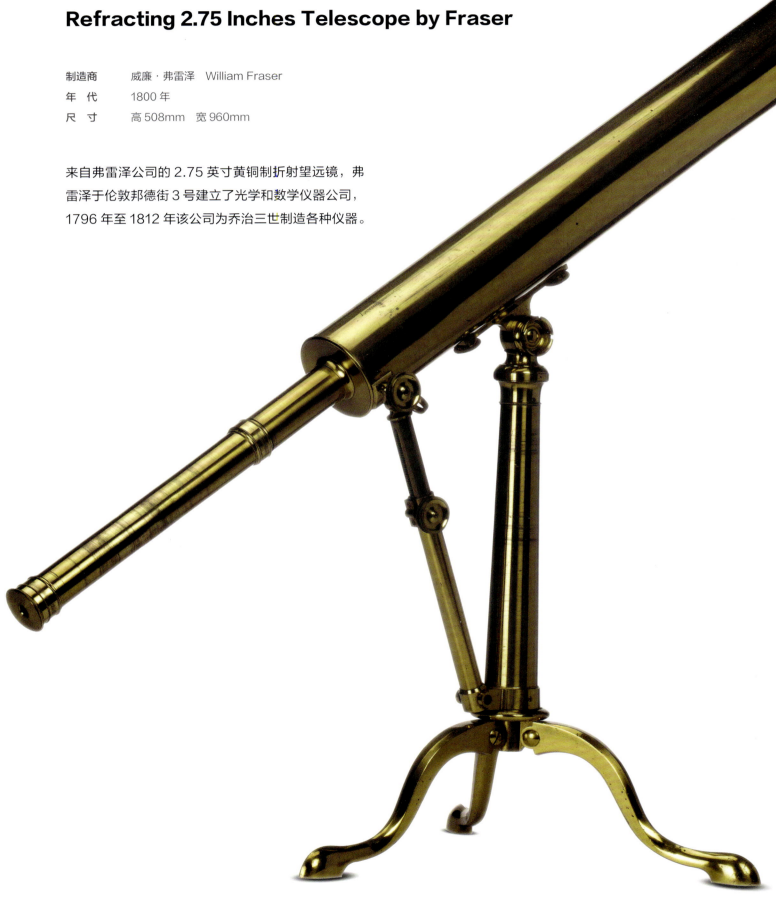

▲　望远镜放入原包装木箱的完整状态。

▶　主镜筒上刻有："弗雷泽，皇家数学仪器
　　生产商，伦敦邦德大街"字样。

▼　主镜细节。注意其与反射望远镜的区别。

18 世纪荷兰天球仪
Eighteenth Century Celestial Globe by Gerard Valk

制造者　杰拉德 · 瓦尔克　Gerard Valk
年 代　18 世纪
尺 寸　直径 390mm　高 590mm

天体仪作为一种特殊的展示仪器，主要包含天球仪以及地球仪，还有表示其他天体表面地形的月球仪、火星仪和金星仪。其中天球仪主要用于将星空表示在球体之上。在球体上，恒星和星座的位置可以不变形地显示出来，但天球仪呈现的是从天球之外观察天球，与平时观察天球所见的镜像关系不同。这对球仪包括直径约 39 厘米（15 英寸）的地球仪和天球仪，由在赤道处连接的两个半球组成，安装在荷兰式橡木架上。

制造商杰拉德·瓦尔克（Gerard Valk，1652—1726）和他的儿子莱纳德·瓦尔克（Leonard Valk，1675—1746）是 18 世纪荷兰最著名的球仪和地图出版商，在当时几乎完全垄断地图市场。他们完成了最新式的球仪设计，内容结合了最新的地理和天文发现，是当时最精确的演示装置之一。上海天文馆征集的这对天体仪来自德国，目前世界上已知存世六对。

◄ 天球仪上铭牌翻译如下：
"包括整个天空所有天区所构成的星图，由伟大的天文学家赫维留斯于 1700 年进行了扩充和修正。我们以其星图为基础，将这件最新创作的天图献给了真正的天文爱好者。杰拉德·瓦尔克于阿姆斯特丹完成。"

▼ 天球仪在北极附近的相关细节。

手工上色的天体仪展示了 17 世纪末关于星空的最新认知，呈现了大量艺术化的星座图像。

天球仪细节：巨蟹座与狮子座相关区域。

克鲁奇利 10 英寸天球仪
10 Inches Celestial Globe by George Frederick Cruchley

制造商	乔治·弗雷德里克·克鲁奇利　George Frederick Cruchley
年　代	1845 年
尺　寸	高 391mm　直径 254mm

制造商乔治·弗雷德里克·克鲁奇利是活跃于 19 世纪中叶的伦敦图书和地图销售商。这台天球仪安装在带有雕刻黄铜子午线环的桃花心木支架上，大部分原始清漆表面仍保存良好。

天球仪上不同亮度的恒星以不同大小标记，这里显示黄道上金牛座区域的恒星。

标牌文字大意："克鲁奇利出品新式天球仪,完整显示全天五等以上亮星。"

火星仪
Mars Globe

制作者　　路易斯·尼斯滕　Louis Niesten
年　代　　现代复刻
尺　寸　　直径 101.6mm

1892 年火星仪（现代复刻版），这具复制的火星仪的最初原版可追溯到 1892 年左右，由布鲁塞尔的勒贝克（Lebeque）公司出品。

火星仪上的地形特征是基于路易斯·尼斯滕于 1877 年在米兰和布鲁塞尔天文台的观测结果，1877 年的火星冲日天象（火星冲日指地球位于火星和太阳联线之间，适宜对火星进行观测），引起了社会广泛关注。这具火星仪就是这种社会风潮的结果之一。火星的地形图中融合了意大利天文学家乔凡尼·斯基亚帕雷利关于火星的想法，他宣称在这颗红色星球的表面看到了大量暗线，并将它们称为"Canali"（通道）。

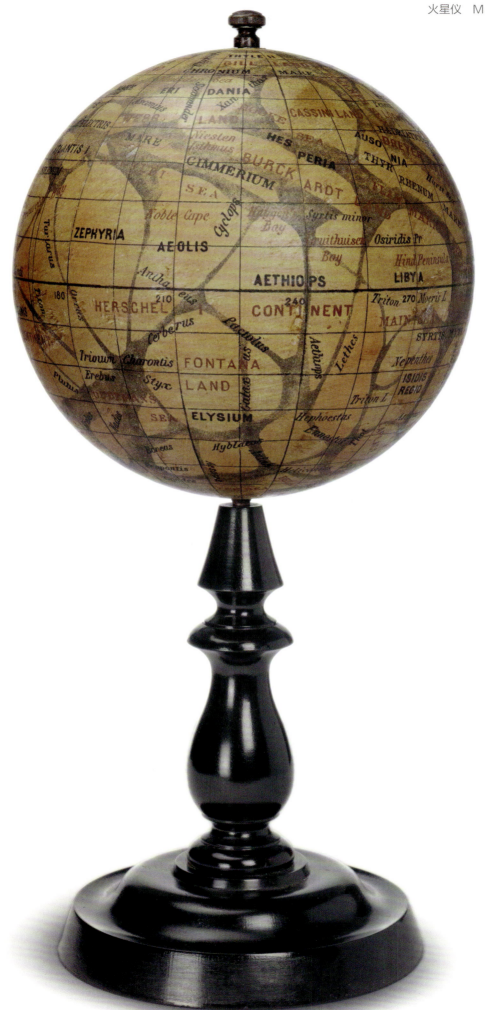

斯基亚帕雷利最初将他看到的所谓暗线称为"Canali"（意大利语水道、沟渠），后被错误翻译为"运河"（Canal），美国天文学家洛威尔（Percival Lowell）接受了"运河"的错误设定，并认为它们是这颗红色星球上存在智慧生命的直接证据，从而引发了公众对于"火星生命"广泛的关注。

YR ... IA ... LAND ... s ... YAUR

RHENUM ... Hurst Sea ... DAWES

FLAM MARIS ... MARE ... JAPT

...iridis Pr ... SEA

Hind Peninsula ... Hammonis

LIBYA ... OENOTRIA

...riton 270 Moeris L ... 300

KAISERSEA

MAIN SEA ... SYRTIS MAJOR ... Anubis

Nepenthes ... Astusapes

ISIDIS ... Astaborn
REGIO

Triton L

Astupus

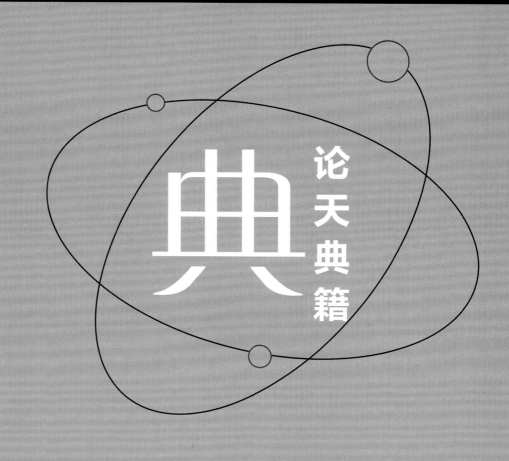

典

论天典籍

当文字出现之后，最初的观天者们就以各种不同的方式，尝试将关于天空的发现和想象记录下来。从楔形文字泥板到电子论文数据库，不同形式的书籍为天文学提供了储存和传承的可能，使人类的智慧得以跨越时间和空间的限制。而书籍所传播的理论、观测和方法，也激发着学者们的兴趣和灵感。留存至今天的天文典籍成为了人类智慧与宇宙的历史连接。当未来人类真正走入星海之时，这些典籍仍将被世人铭记。

《天文学大成》
Almagest

作　　者　克劳狄乌斯·托勒密　Claudius Ptolemy
出版年代　1528 年
尺　　寸　300mm×210mm

本书又译作《至大论》，是古希腊学者托勒密于公元 1 世纪中期编纂完成的经典天文著作，书中总结了希腊天文学之前数百年的理论成果，阐释了基于地心说的行星及日月运动模型。原书名语意为"数学论"（Μαθηματικὴ Σύνταξις），约九世纪时期被阿拉伯人译为"المجسطي"（al-majistī，即"最宏大的"），后成为该书通用名称。上海天文馆所藏版本为 1528 年出版的早期拉丁语版本。

书中除了托勒密本人所撰写的内容之外，还大量引用了现已遗失的大量古希腊天文学家著作，如来自欧多克斯（Eudoxus）、喜帕恰斯（Hipparchus）的数理天文内容，也能在本书中找到。全书共分为 13 卷，其中第一、第二卷讲述各种天文基础知识和球面三角学内容，其余各卷则分别涉及太阳、月球、交食、恒星、行星运动，以及宇宙模型等内容。

在第九卷中，托勒密在前人观测资料基础之上，系统性地提出了更完善的地心说宇宙模型。为了解释某些行星的逆行现象，他采用了本轮均轮体系，即行星除了以圆周轨道绕地球（均轮）运转的同时，还会沿着更小的圆周（本轮）在均轮上运转。同时引入了偏心圆轨道结构，有效解决了行星在不同时间的速度变化问题。经过这些改进后，托勒密的地心说体系可以在一定程度上解释和预测部分天象，因此被后世广泛接受。在其后的一千多年内，该学说一直被作为主流的宇宙学说在欧洲和阿拉伯地区流传，并成为基督教神学的宇宙架构之一。直到 16 世纪之后，支持日心说的证据纷纷出现，且有些观测现象无法再以地心说模型解释，这套体系才逐渐被取代。

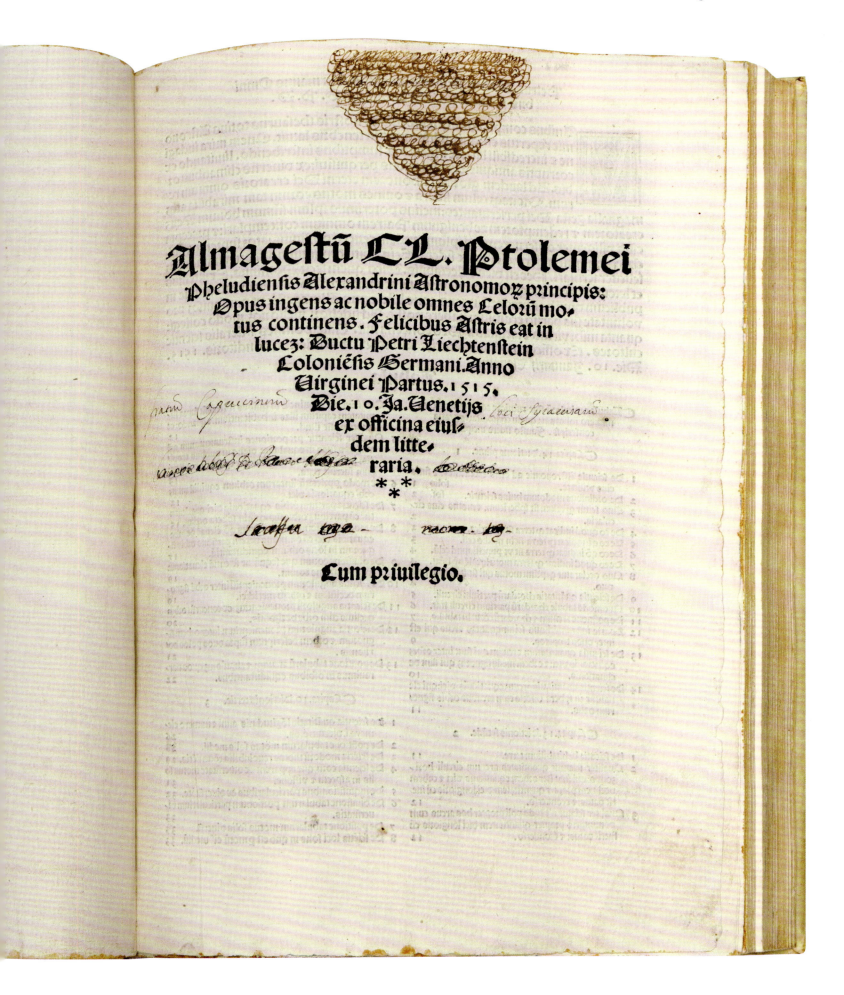

Almagestū CL. Ptolemei

Pheludiensis Alexandrini Astronomoꝛ principis:
Opus ingens ac nobile omnes Celoꝛū mo-
tus continens. Felicibus Astris eat in
lucez: Ductu Petri Liechtenstein
Coloniēsis Germani. Anno
Uirginei Partus. 1515.
Die. 10. Ja. Uenetijs
ex officina eius-
dem litte-
raria.

⁂

Cum priuilegio.

Dictio

Tertia

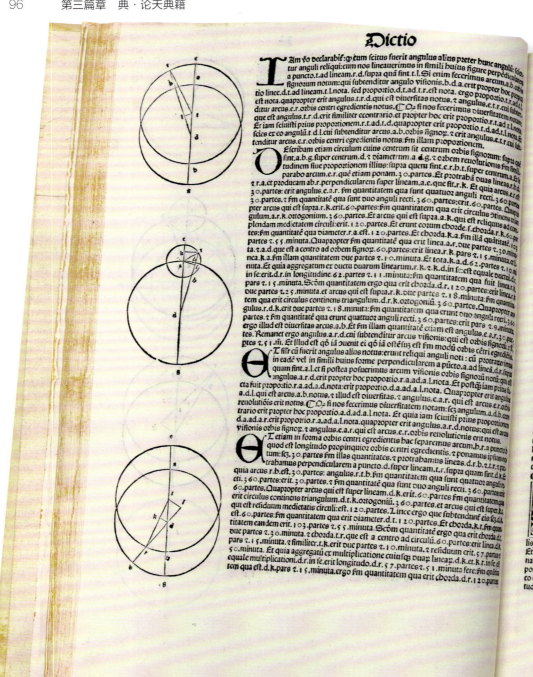

▲ 书中第四章中关于太阳运动模型的论述。

▶ 书中第七章中的恒星星表，表格标记了恒星的黄经、黄纬及星等数据。

《论天界之新现象》

De mundi aetherei recentioribus phaenomenis, liber secundus

作　　者　第谷 · 布拉赫　Tycho Brahe
出版年代　1610 年
尺　　寸　228mm×170mm

作为前望远镜时代最出色的观测天文学家，第谷 · 布拉赫以其对天体精细的观测数据闻名于世。1577 年大彗星（C/1577 V1）是历史上著名的一颗非周期性彗星，这颗彗星的出现，引发了欧洲社会的广泛关注和讨论。当时关于彗星本质的主流观点，源自于古希腊的亚里士多德的宇宙学说，其认为彗星只是地球大气以内的扰动现象。而第谷通过对这颗彗星长期观察和测量，得出结论：彗星绝非月球轨道以内的天体，而是非常遥远的天体。在书中他陈述了他对这颗彗星数千次非常精确的观测，以及通过视差所推测的彗星距离。

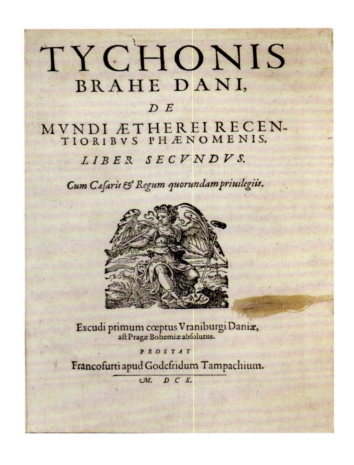

第谷一直尝试建立一种全新的宇宙结构体系，他希望这一体系可以消除托勒密体系中不完美的对点圆，又能解决哥白尼日心说体系还无法解释的各种物理学问题，因此他采取了一种折中方案，日月仍围绕地球运动，而将行星设置为围绕太阳运行。第谷的这一观点在当时颇为流行，并很快被耶稣会士的传教士在明末时期引进中国，成为了清代皇家天文机构用于历法计算的宇宙模型。

然而这一体系必然涉及到不同行星所属天球的相互碰撞（当时认为行星在其对应的天球上运行，各天球相互分离，是独立的刚性实体），第谷对 1577 年大彗星的观测解决了这一问题，如果彗星并非大气内部现象，那么彗星实际自由地穿行于各天球之间，就证明所谓刚性天球并不存在，由此也激励第谷抛弃了所谓的"水晶球"模型。

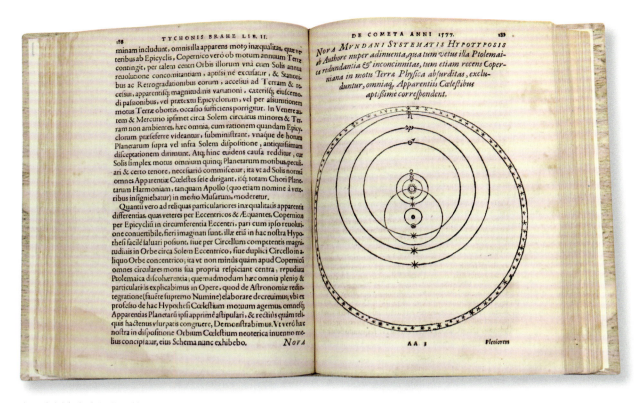

上图右侧为书中经典的第谷体系图，带有星点的外圈层是当时天文界认为存在的最外层恒星天层，中心点代表地球，从内向外的小圈依次是月亮和太阳的绕地轨道，其他各个行星则围绕太阳运转。

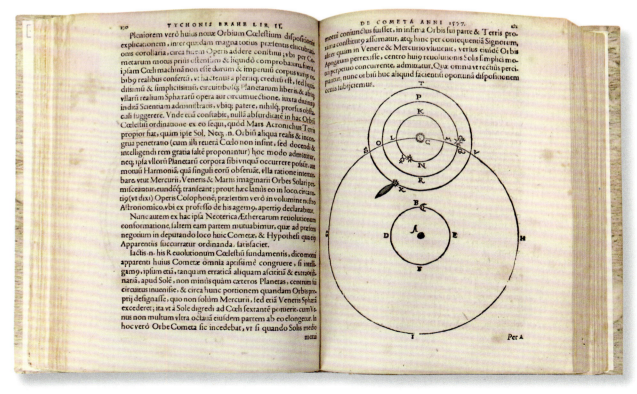

第谷推测的1577年彗星所在区域示意图，大圆为太阳围绕地球的运行轨道，上方多层圆圈示意行星围绕太阳运转，注意第谷将彗星标记在月球之外的宇宙空间中。

图片左侧为第谷设计的天文仪器，用以测量不同天体之间的夹角数值。

DE COMETA ANNI 1577.

Per Arcum infuper SR, ipfi ferro tereti OH, de quo dixi, circa S peculiari iunctura infertum, centrum ad A fitum unà cum ipfo Inftrumento attollitur, deprimiturq́; prout Stellarum Altitudo uel decliuitas poftulat; firmaturq́; cum lubet, in eodem Arcu per cochle= am ab altera parte iuxta 9 adiunctam. Atq; fic per hæc omnia adeo multiformiter compofita motionum diuerfarum fubfidia, Sextans ipfe in planum quaruuis duarum Stellarum, quam= cunq; tandem difpofitionem præ fe ferant, dirigitur, ut intercapedo earum per ipfum rectiùs obtineatur. Verùm hæc non tam facile uerbis exponuntur, quàm ipfo oculari intuitu & tra= ctatione debita percipiuntur.

Venio nunc ad alterum Inftrumentum, quo in hoc Come-
ta Obferuando ufi fumus, Quadrantem uidelicet Altitudinibus
& Azimuthis fimul capiendis idoneum, cuius formam & ftructu-
ram fequens Figuratio oftendit, quam nunc exponemus.

Primùm ipfe Quadrans è folido optimoq; conftans Orichalco effigiatur per ACB, eftq́; eius quantitatis ut à centro A ad circumferentiam C B ferme binos cubitos adæquet, habetq́; dimidij quafi digiti craffitudinem. Diuifiones uero infra circumferentiam exhiber duplices, eafdemq; minus uulgares, quarū extrema fingulos totius Quadratis gradus in fenas particulas fupra & infra diftinguit, quæ rurfus per alternatim ductas tranfuerfales lineolas, in dena æ= qualiter diftantia puncta fubdiuifæ, fingula minuta difcriminatim exhibent. Vt uerò hæc di= uifio rectiùs dignofcatur, eam maiufcula delineatione hic exhibebimus.

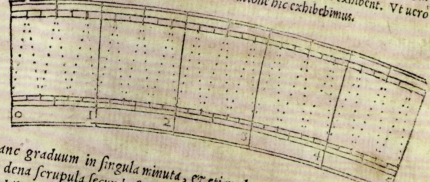

Hanc graduum in fingula minuta, & etiam horum (in maioribus præfertim Inftru=
ntis) in dena fcrupula fecunda fubdiuifionem, in omnibus meis machinis Aftronomicis ufur=
co quòd illam multis ab hinc annis exquifitifsimam expertus fim. Licet enim eius Demon=
ratio in rectilineis Parallelogrammis proprie conueniat, nihilominus arcualibus etiam lineis,
am exili interftitio, quod à recta linea infenfibiliter differt, citra omne erroris ueftigium
enienter applicatur. Altera interior diuifo ad Clarifsimi Mathematici Petri Nonnij in
lo de Crepufculis, Propofitione tertia, imitationem, per plures Quadrantis Arcus intror=
efcriptos, & diuerfimode fubdiuifos, procedit. Etfi autem in hac ipfa apprimè ingeni=
onnij inuentione aliquid auctuarij loco expeditiùs à nobis additum eft, ita ut exterior
in plurimas portiunculas diuidatur, neq; is ordo aut numerus Arcuum fefe introrfum
itantium, quem ille præfiniuit, fed multo expeditior & perfectior obferuetur: tamen
e fubtilitas, cum ad praxin deuentum eft, plus habet laboris quàm fructus, neq; id in
raftet, quod prima fronte pollicetur, ut alibi plenius oftendemus, idcirco apud nos
ufu effe defijt.

MMM 3

Poftea

《新编天文学初阶》
Astronomiae Instauratae Progymnasmata

作　　者　　第谷 · 布拉赫（Tycho Brahe）著　约翰尼斯 · 开普勒 (Johannes Kepler) 编辑
出版年代　　1610 年
尺　　寸　　232mm × 161mm

本书描述了第谷自 1572 年至 1574 年对仙后座超新星的长期观测，以及他对太阳和月球运动理论的修正，同时包括一部包含 777 颗恒星位置的恒星星表。该作是第谷在丹麦汶岛完成的，但在他去世前从未发行，开普勒于 1602 年开始在布拉格编辑此书，并增补了部分内容。

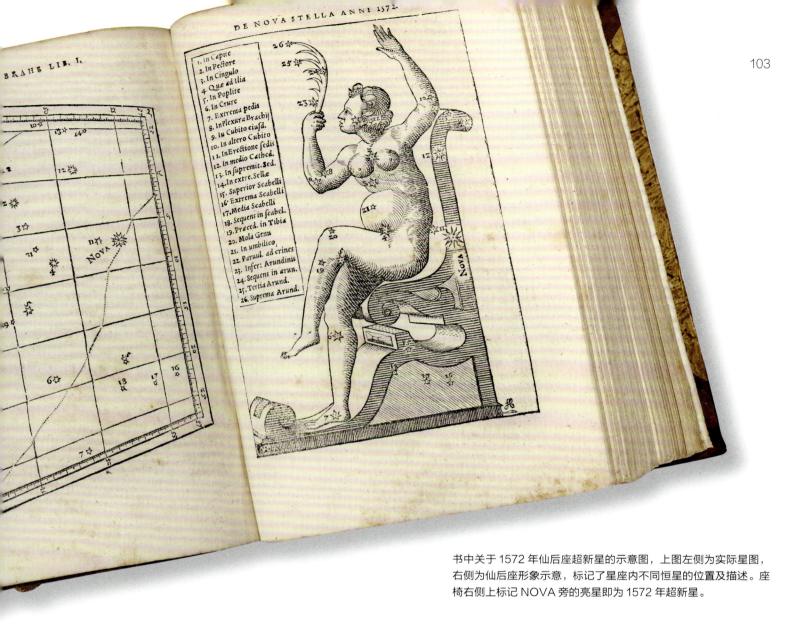

书中关于 1572 年仙后座超新星的示意图，上图左侧为实际星图，右侧为仙后座形象示意，标记了星座内不同恒星的位置及描述。座椅右侧上标记 NOVA 旁的亮星即为 1572 年超新星。

书中 777 颗恒星表的首页，本页包含白羊座与金牛座内的数十颗恒星信息。

《伽利略著作合集》
Opere di Galileo Galilei

作　　者　伽利略·伽利莱　Galileo Galilei
出版年代　1744 年
尺　　寸　254mm×189mm

1656 年，伽利略的部分著作合集在博洛尼亚首次出版了两卷本，后于 1718 年在佛罗伦萨重印的第二版又增添了第三卷。上海天文馆收藏的合集是 1744 年出版的第三版，该版最重要的特点是增加了伽利略最著名的代表作《两大世界体系的对话》作为合集的第四卷。

直到 18 世纪早期，当日心说已经成为主流学说之时，《两大世界体系的对话》仍然被保留在罗马教会的禁书目录上，1744 年，该书才被允许收录在帕多瓦出版的第三版伽利略文集中，但著作仍然必须服从圣公会审判官的指示。

本合集的编辑帕多瓦大学的数学和天文学教授朱塞佩·托阿尔多 (Giuseppe Toaldo) 不得不遵守指示，在导言中指出，书中的理论只能而且必须被视为只是一种数学假设，以促进对某些自然现象的解释。除此之外，对话录之前还附有针对伽利略的判决和他的悔过内容，以及一篇《关于古希伯来人的宇宙体系》论文，这套合集中还包含了伽利略在天文学、数学、力学和水力学方面的大量著作。

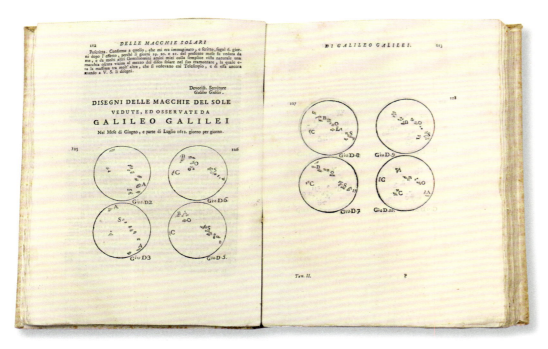

在 1613 年的《论太阳黑子》一书中，伽利略论证了黑子必然是太阳表面的现象。

GALILEVS GALILEI FLORENTINVS
ANNVM AGENS LXXVIII

OPERE
DI
GALILEO GALILEI
DIVISE IN QUATTRO TOMI,

In questa nuova Edizione accrefciute
di molte cofe inedite.

TOMO PRIMO.

IN PADOVA, MDCCXLIV.
Nella Stamperia del Seminario.
Appreffo Gio: Manfrè.
Con Licenza de' Superiori, e Privilegio.

SY.

SYDEREUS NUNCI

Magna, longeque admirabilia fpectacula pandens, fuf
daque proponens unicuique, præfertim vero Philo
phis, atque Aftronomis, quæ a

GALILEO GALIL

Patritio Florentino Patavini Gymnafii Publico Mathematic

Perfpicilli Nuper a fe reperti beneficio, funt obfervata in Lunæ facie
numeris, Lacteo circulo, Stellis nebulofis, apprime vero in quatu
Circa Jovis Stellam difparibus intervallis, atque periodis, celerita
circumvolutis; quos, nemini in hanc ufque diem cognitos, noviffi
deprehendit primus; atque MEDICEA SYDERA Nuncupandos dec

SERENISSIMO

COSMO MEDICES

MAGNO ETRURIÆ DUCI

RÆCLARUM fane, atque humanitatis plenum eorun
tutum, qui excellentium virtute virorum res præcla
invidia tutari, eorumque immortalitate digna nomina
ne, atque interitu vindicare conati funt. Hinc ad m
fteritatis prodita Imagines, vel marmore infculptæ
fictæ; hinc pofitæ Statuæ tam pedeftres, quam eque
Columnarum, atque Pyramidum, ut inquit ille,

Sidera ducti; hinc denique urbes ædificatæ, eorumque infignitæ nom

Tom. II.　　　　　　　　　　　　　　　　　　　A

▲ 合集中《星际使者》的开篇。1609 年，伽利略改进了望远镜设计，提高了放大倍率，并将其用于天文观测。在这本书中作者发表了他使用望远镜观测所获得的多个重大天文发现。1609 年也被作为近代天文学的开端之年。

► 《星际使者》中关于木星卫星的运动章节。伽利略发现木卫围绕木星运转对于日心说是重要的间接证据。后来人们也将这四颗卫星简称为"伽利略卫星"。

20

OBSERVAT. SIDEREÆ

tantum Stellæ ex orientali plaga, eæque ſatis magnæ. Orientalior a media diſta-
bat min. 5. media vero a Jove m. 6.

Die vigeſimaſexta, hora o. min. 40. Stellarum coordinatio ejuſmodi fuit. Spe-
ctabantur enim Stellæ tres, quarum duæ orientales, tertia occidentalis a Jove:

Ori.   Occ.

hæc ab eo min. 5. aberat, media vero orientalis ab eodem diſtabat min. 5. ſec.
20. orientalior vero a media min. 6. in eadem recta conſtitutæ, & ejuſdem ma-
gnitudinis erant. Hora deinde quinta conſtitutio fere eadem fuit, in hoc tantum
diſcrepans, quod prope Jovem quarta Stellula ex oriente emergebat, ceteris mi-

Ori.   Occ.

nor, a Jove tunc remota min. 30. ſed paullulum a recta linea verſus Boream at-
tollebatur, ut appoſita figura demonſtrat.

Die vigeſima ſeptima, hora I. ab occaſu, unica tantum Stellula conſpiciaba-

Ori.   Occ.

tur, eaque orientalis, ſecundum hanc conſtitutionem: eratque admodum exi-
gua, & a Jove remota min. 7.

Die vigeſima octava, & vigeſima nona ob nubium interpoſitionem nihil ob-
ſervare licuit.

28   Die trigeſima, hora prima noctis, tali pacto conſtituta ſpectabantur ſidera: u-

Ori.   Occ.

num aderat orientale 2 a Jove diſtans min. 2. ſec. 30. duo vero ex occidente,
quorum Jovi propinquius aberat ab eo min. 3. reliquum ab hoc min. I. extremo-
rum, & Jovis poſitus in eadem recta linea fuit, at media Stella paullulum in
Boream attollebatur. Occidentalior fuit reliquis minor.

Die ultima, hora ſecunda, viſæ ſunt orientales Stellæ duæ, una vero occi-

Ori.   Occ.

dua. Orientalium media a Jove aberat min. o. ſec. 30. orientalior vero ab ipſa
media min. 2. ſec. 20. occidentalis diſtabat a Jove min. 10., erant in eadem
recta linea proxime, Orientalis tantum Jovi vicinior modicum quiddam in Se-
ptentrionem elevabatur. Hora vero quarta duæ orientales viciniores ad invicem

Ori.   Occ.

adhuc erant; aberant enim ſolummodo min. ſec. 20. apparuit in hiſce obſerva-
tionibus occidentalis Stella ſatis exigua.

Die Februarii prima, hora noctis ſecunda conſimilis fuit conſtitutio. Diſtabat
orientalior Stella a Jove min. 6. occidentalis vero 8., ex parte orientali Stella

Ori.   Occ.

quædam admodum exigua a Jove diſtabat minutis ſecundis 20. rectam ad unguem
deſignabant lineam.

Die

21

RECENS HABITÆ.

Die ſecunda juxta hunc ordinem viſæ ſunt Stellæ. Una tantum orientalis a
Jove diſtabat min. 6. Jupiter ab occidentali viciniori aberat min. 4. inter hanc,

Ori.   Occ.

& occidentaliorem min. 8. fuit intercapedo; erant in eadem recta ad unguem,
& ejuſdem fere magnitudinis. Sed hora ſeptima, quatuor aderant Stellæ, inter
quas Jupiter mediam occupabat ſedem. Harum Stellarum orientalior diſtabat a

Ori.   Occ.

ſequenti min. 4. hæc a Jove min. I. ſec. 40. Jupiter ab occidentali ſibi vici-
niori aberat min. 6. hæc vero ab occidentaliori min. 8. erantque pariter omnes
in eadem recta linea, ſecundum Zodiaci longitudinem extenſa. Orientalis a Jo-
ve diſtabat min. I. ſec. 30. Occidentalis proxima min. 2. ab hac vero elongaba- 27

Ori.   Occ.

tur occidentalior altera min. 10. erant præciſe in eadem recta, & magnitudinis
æqualis.

Die quarta, hora ſecunda, circa Jovem quatuor ſtabant Stellæ, orientales duæ,
ac duæ occidentales in eadem ad unguem recta linea diſpoſitæ, ut in proxima fi-

Ori.   Occ.

gura. Orientalior diſtabat a ſequenti min. 3. hæc vero a Jove aberat min. o. ſec.
40. Jupiter a proxima occidentaliori min. 6. magnitudine erant fere æquales, pro-
ximior Jovi reliquis paulo minor apparebat. Hora autem ſeptima orientales Stellæ
diſtabant tantum min. o. ſec. 30. Jupiter ab orientali viciniori aberat min. 2.

Ori.   Occ.

ab occidentali vero ſequente min. 4. hæc vero ab occidentaliori diſtabat min. 3.
erantque æquales omnes, & in eadem recta ſecundum Eclipticam extenſa.

Die quinta Cœlum fuit nubiloſum.

Die ſexta duæ ſolummodo apparuerunt Stellæ medium Jovem intercipientes, ut

Ori.   Occ.

in figura appoſita ſpectatur: orientalis a Jove diſtabat min. 2. occidentalis vero
min. 3. erant in eadem recta cum Jove, & magnitudine pares.

Die ſeptima duæ adſtabant Stellæ a Jove orientales ambæ, in hunc diſpoſitæ

Ori.   Occ.

modum: intercapedines inter ipſas, & Jovem erant æquales unius nempe minu-
ti primi; ac per ipſas, & centrum Jovis recta linea incedebat.

Die octava, hora prima, aderant tres Stellæ orientales omnes, ut in deſcri-
ptione;

GALILÆVS GALILÆI LYNCEVS PHILOSOPHVS ET MATHEMATICVS SER.^{mt} HETRVRIÆ MAGNI·DVCIS.

Iac. ab Heyden sculpsit

SEREN
MAGN
Dffferen
nes int
reperit
si quis
rursum homines in
rum abeſſe dixerit, h
dicauerit. Quantum
ſuperatur vnitas? A
prouerbio iactatur:
mille alios, vbi mille r
crimen autem iſtud
habilitatibus depen
quis ſit Philoſophus
quandoquidem Phi
prium eorum, qui
mentum, reipſa à co
rat, idq; ſublimiore
mirum pro illius ipſ
te. Qui altius acien
ſupra reliquos altius

图为 1635 年版《对话录》中伽利略肖像，周围环绕的文字特别标记了他猞猁学院哲学家和数学家的身份。

SIME
-DVX.

illam, quæ homi-
animantia cetera
longe maximam,
ab ifta, quæ ipfos
e difcriminat, pa-
furde fortaffe iu-
illenario numero
ilo minus vulgari
n hominem valere
leant vnum. Dif-
erfis ingeniorum
uod eò reduco, vt
ec- Philofophus:
hia, tanquam pro-
triri poffunt, ali-
n fæce vulgi fepa-
lioreue gradu, ni-
trimenti varieta-
orum intendit, is
litur. Ceterum
modus

《对话录》
Dialogus de Systemate Mundi

作　　者	伽利略·伽利莱　Galileo Galilei
出版年代	1635 年
尺　　寸	200mm×146mm

伽利略最著名的作品《关于托勒密和哥白尼两大世界体系的对话》该书于 1632 年出版发行，采用对话形式展开讨论，对话三人分别为沙格列陀、萨尔维阿蒂以及亚里士多德观点的支持者辛普利邱。书中否定了传统亚里士多德的力学和宇宙论，并尝试通过思想实验对哥白尼体系提供证据，并对各种针对日心说体系的质疑进行了回答，揭示了地心说体系自身的矛盾以及与观测现象的冲突。原书以意大利语写成，论证删繁就简，通俗易懂。然而，这本书的内容触怒了教廷，1633 年伽利略被宗教法庭审判，被判宣传异端之罪，限制居留在佛罗伦萨家中，这一著作也被列入禁书目录。

与此同时，他的好友埃利亚·迪奥达蒂 (Elia Diodati) 聘请学者将该书翻译成更加通行的拉丁语在意大利之外出版。该书也是伽利略生前唯一在境外出版的著作。上海天文馆所藏《对话录》即为此拉丁语首版。

该书附录中有两篇 1632 年原版中没有的内容，包含开普勒《新天文学》的介绍，以及保罗·安东尼奥·福斯卡里尼（Paolo Antonio Foscarini）捍卫哥白尼学说的真实性并反驳其与《圣经》内容冲突的信件。

出版商为拉丁语版重新制作的卷首插画，插画中的三位人物分别是亚里士多德、托勒密与哥白尼。左侧年老的亚里士多德拄着拐杖，正在努力向哥白尼解释，而托勒密则手持着地心说系统的演示浑仪，年轻的哥白尼目光注视着读者，手持着日心说模型。

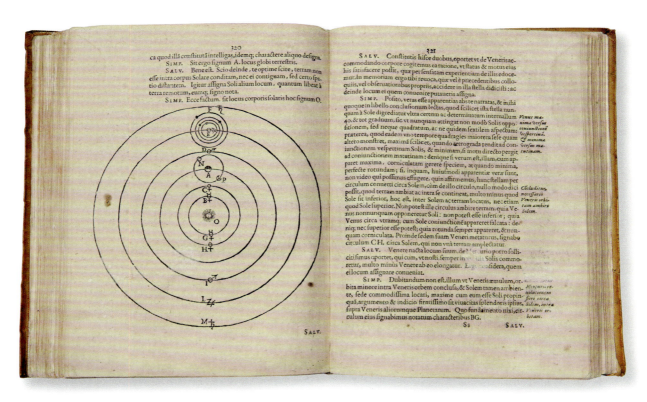

书中的太阳系模型，宇宙中心为太阳，其他行星轨道依次向外展开，注意在上方的木星附近已标记了四颗环绕的木卫轨道。

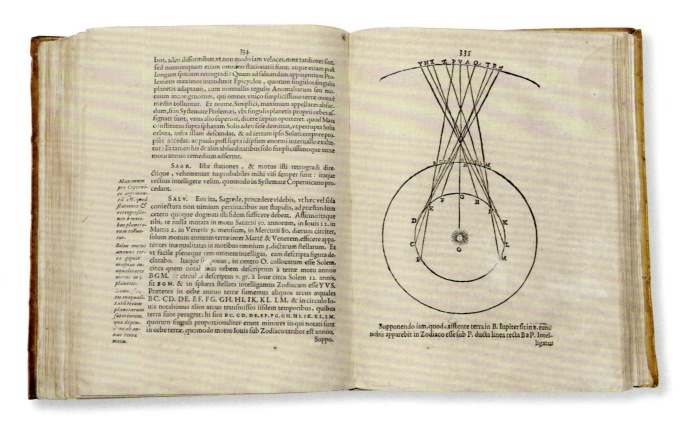

书中解释行星逆行现象的示意图，由于地球和外行星（例如火星、木星、土星）的公转角速度不同，当地球相对位置超越外行星时，就会产生外行星视运动逆行。

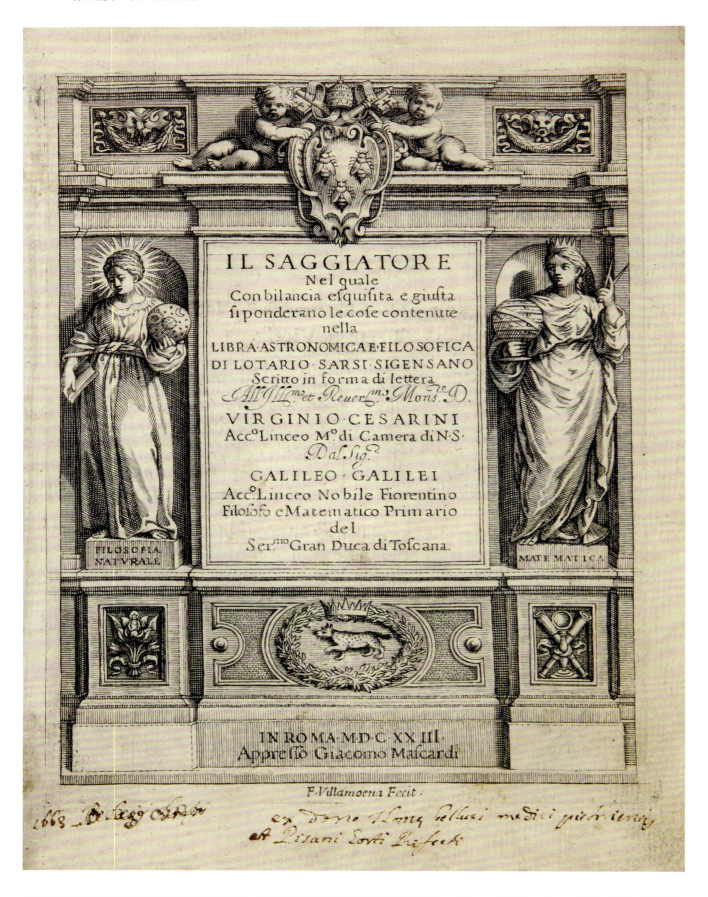

当时科学著作的扉页往往使用绘制精美的版画，以可视化的图像表达作者对于世界的认知角度，封面的艺术家为弗朗切斯科·维拉梅纳（Francesco Villamena），扉页左侧为自然女神，右侧为数学女神，上方带有三只蜜蜂的徽章来自教皇乌尔班八世巴贝里尼家族的纹章，他在世时，是伽利略长期的赞助人和好友，下方的动物徽章是猞猁学院的院徽，伽利略在自己的名字上冠以"托斯卡纳大公首席哲学家兼数学家"。

《试金者》
Il Saggiatore

作　者	伽利略·伽利莱　Galileo Galilei
出版年代	1623 年
尺　寸	198mm×260mm

1623 年，伽利略在罗马出版了《试金者》，这部作品源于 1618 年三颗彗星出现后，作者和奥拉齐奥·格拉西（Orazio Grassi）关于彗星起源的激烈争论，辩论焦点集中在彗星是大气现象还是天体现象。书中伽利略系统阐述了他的哲学观和方法论，并质疑亚里士多德学派的权威，提出要将结论建立在实验与观察的基础上，这也是关于科学方法的最早系统性论述，伽利略在书中留下了他的名言，"大自然是以数学的语言写成的"。这本书的出现促进了近代科学从形而上学和宗教的束缚中解脱出来，也被称为伽利略的"科学宣言"。

▲ 从文学的角度来看，《试金者》也被认为是伽利略最优雅的作品，在这部作品中，他将对科学真理的热爱与辩论才华结合在一起。

◀ 《试金者》的插图中还包括一些关于土星环、火星上下合以及金星的相位的最早手绘图像。

《鲁道夫星表》
Tabulae Rudolphinae

作　　者　　约翰尼斯·开普勒　Johannes Kepler
出版年代　　1627 年
尺　　寸　　350mm×235mm

这本发表于 1627 年的恒星及行星表，其命名是为了纪念资助第谷天文观测事业的神圣罗马帝国鲁道夫二世皇帝。星历表中除了 400 多颗古希腊时期天文学家托勒密的星表恒星之外，还包含 1006 颗由第谷重新测量位置的恒星，以及记录行星位置的星历表。星表中的恒星位置精确度都在 1 角分以内，并且首度包含了大气折射的修正因素。

开普勒使用的观测资料来自他的老师——第谷。第谷一生大部分的时间都用在测量行星和恒星的位置，其精度几乎达到了肉眼观测的极限，可以让之后数十年间的天文学家从这些数据推算水星和金星凌日。开普勒继承了这些宝贵的数据，在此基础上演算并发现了行星轨道的椭圆特征，进一步修正了哥白尼没有完成的日心说数理模型。

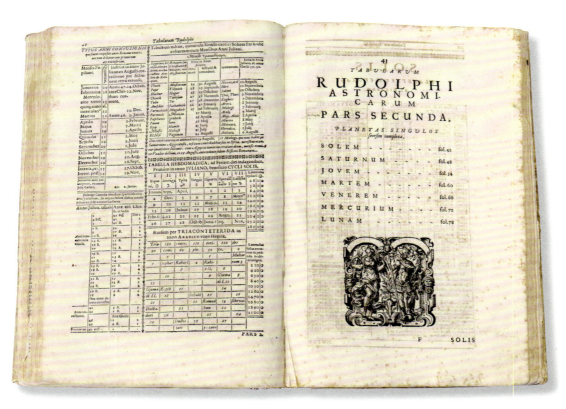

星表中的日月及行星星历表。

TABULÆ
RUDOLPHINÆ,

QVIBVS ASTRONOMICÆ SCIENTIÆ, TEMPO-
rum longinquitate collapsæ RESTAURATIO *continetur;*

A Phœnice illo Astronomorum

TYCHONE

Ex Illuſtri & Generoſa BRAHEORUM *in Regno Daniæ*
familiâ oriundo Equite,

PRIMÙM ANIMO CONCEPTA ET DESTINATA ANNO
CHRISTI MDLXIV: EXINDE OBSERVATIONIBUS SIDERUM ACCURA-
TISSIMIS, POST ANNUM PRÆCIPUE MDLXXII, QUO SIDUS IN CASSIOPEJÆ
CONSTELLATIONE NOVUM EFFULSIT, SERIÒ AFFECTATA; VARIISQUE OPERIBUS, CÙM ME-
chanicis, tùm librariis, impenſo patrimonio ampliſſimo, accedentibus etiam ſubſidiis FRIDERICI II. DANIÆ
REGIS, regali magnificentia dignis, tracta per annos XXV, potiſſimùm in Inſula freti SUNDICI HUEN-
NA, & arce URANIBURGO, in hos uſus à fundamentis extructâ:

TANDEM TRADUCTA IN GERMANIAM, INQVE AVLAM ET
Nomen RUDOLPHI IMP. *anno* MDIIC.

TABULAS IPSAS, JAM ET NUNCUPATAS, ET AFFECTAS, SED
MORTE AUTHORIS SUI ANNO MDCI DESERTAS,

JUSSU ET STIPENDIIS FRETVS TRIVM IMPPP.

RUDOLPHI, MATTHIÆ, FERDINANDI,

ANNITENTIBUS HÆREDIBUS BRAHEANIS; EX FUNDAMENTIS
obſervationum relictarum; ad exemplum ferè partium jam exſtructarum; continuis multorum annorum ſpe-
culationibus, & computationibus, primùm PRAGÆ *Bohemorum continuavit; deindè* LINGII,
ſuperioris Auſtriæ Metropoli, ſubſidiis etiam Ill. Provincialium adjutus, emendavit, per-
fecit, abſolvit; adéq; cauſarum & calculi perennis formulam traduxit

IOANNES KEPLERUS,

TYCHONI *primùm à* RUDOLPHO II. Imp. *adjunctus calculi miniſter; indéq;*
trium ordine Imppp. *Mathematicus:*

Qui idem de ſpeciali mandato FERDINANDI II. IMP.
petentibus inſtantibúsq; Hæredibus,

Opus hoc ad uſus præſentium & poſteritatis, typis, numericis propriis, cæteris & prælo
JONÆ SAURII, *Reip. Ulmanæ Typographi, in publicum extulit, &*
Typographicis operis ULMÆ *curator affuit.*

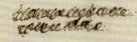

Cum Privilegiis, IMP. & Regum Rerúmq; publ. vivo TYCHONI ejúsq; Hæredibus,
& ſpeciali Imperatorio, ipſi KEPLERO conceſſo, ad annos XXX.

ANNO M. DC. XXVII.

卷首配图为《神殿下的天文学家》，包含各个不同时代的天文学家，前方的四位（从左至右）分别是喜帕恰斯、哥白尼、第谷与托勒密。
中央区域的第谷手指神庙顶部的太阳系，而神庙顶是包含天文女神在内的掌管智慧和知识的缪斯众女神。

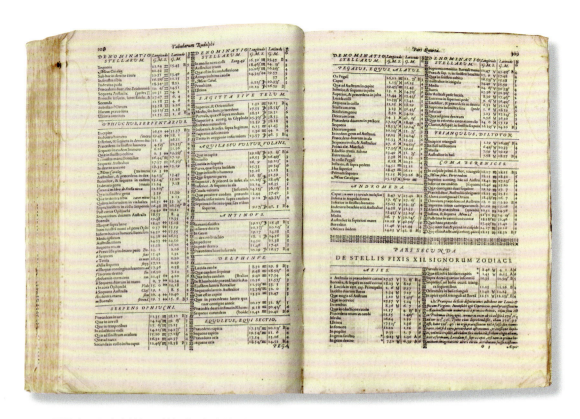

不同星座及星座内的恒星数据表，包含关于恒星的位置描述、恒星名称以及具体经纬度和星等大小等信息。

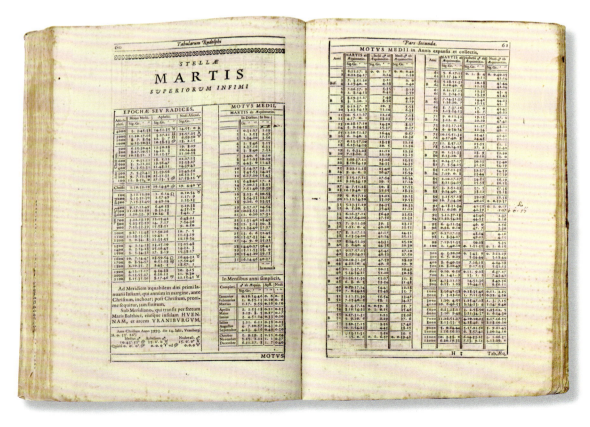

星表中的火星运行表、开普勒关于行星运动三定律的理论主要来自于对火星轨道数据的研究。

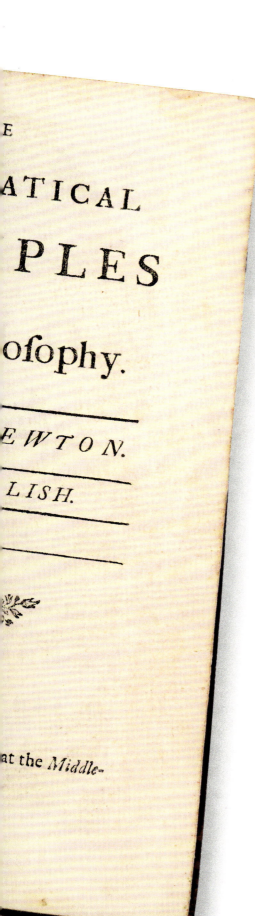

《自然哲学的数学原理》
Philosophiæ Naturalis Principia Mathematica

作　　者　　艾萨克·牛顿　Isaac Newton
出版年代　　1729 年英文版第一版
尺　　寸　　194mm×115mm

伟大的物理学家——艾萨克·牛顿最著名的代表作，也被认为是科学历史上最重要的著作，爱因斯坦将此书称为"可能是有史以来最伟大的知识进步"。该书的首版拉丁文版于 1687 年出版，之后在 1713 年和 1726 年，牛顿又分别修订了拉丁文版本内容。1729 年出版的首版英文版，在这一版本中还包含约翰·梅钦（John Machin）纠正牛顿月球理论的尝试。上海天文馆收藏的即为此英文版本。

牛顿编写该书的目的在于从运动现象探究自然的力，再通过力的原理说明自然现象。书中提出了牛顿运动三大定律和万有引力定律，奠定了经典力学乃至近代物理的基础，为开普勒行星运动定律的经验公式给出理论推导，阐明了该如何定义物理概念，并制定出四条"研究哲学的规则"等指导性原则。

nubem pellente Mathesi

Clauftra patent *cœli*,rerumq;immobilis ordo.
Jam fuperûm penetrare domos, atq;ardua cœli
Scandere,fublimis genij conceffit acumen. *Dr. Halley.*

Vol.1.　　　　　　　　　　　　　　*A. Motte invenit & fecit.*

左图插画顶部的文字节选自哈雷为牛顿撰写的拉丁文颂诗，完整如下：

无知的乌云被理性的光辉所驱散，

谬论只留下了怀疑的阴影。

凭借天才之翼，腾空翔起，

洞窥神灵之殿，

测量天堂之巅。

噢！凡人！远离尘世喧嚣。

1729 年，英国数学家安德鲁·莫特（Andrew Motte，1696—1734）将牛顿的《自然哲学的数学原理》从拉丁文翻译成英文。在这一版本的卷首插画中，描绘了牛顿高坐云端，接受几何缪斯女神指导。在云层下方则揭示了宇宙所遵循的数学规律。

nubem pellente Mathefi.
Clauftra patent *cæli*, rerumq; immobilis ordo.
Jam fuperûm penetrare domos, atq; ardua cœli
Scandere, fublimis genij conceffit acumen. *Dr. Halley.*

Vol. I.　　　*A. Motte invenit & fecit.*

THE
MATHEMATICAL
PRINCIPLES
OF
Natural Philofophy.

By Sir *ISAAC NEWTON.*

Tranflated into *Englifh* by ANDREW MOTTE.

To which are added,

The Laws of the MOON's Motion, according to Gravity.

By JOHN MACHIN *Aftron. Prof. Greſb.* and *Secr. R. Soc.*

IN TWO VOLUMES.

LONDON:
Printed for BENJAMIN MOTTE, at the *Middle-Temple-Gate*, in *Fleetftreet.*
MDCCXXIX.

上图右侧封面信息如下：

自然哲学的数学原理

艾萨克·牛顿爵士 著

安德鲁·莫特 译

添加了约翰·梅钦（格里夫教授、皇家学会秘书）

根据万有引力研究的月球的运动规律

全书共两卷

伦敦：本杰明·莫特印刷，弗利特街中殿门，1729 年

牛顿第一运动定律的相关章节，标题直译为"运动公理法则"。

ematical Principles   Book

ght to be imprefs'd, that the motions of
ght be moft augmented, that is, w
their hindermoft faces, or thofe which
motion, do follow. But the faces which
known, and confequently, the oppofite
rede, we fhould likewife know the de
f their motions. And thus we might
quantity and the determination of thi
on, ev'n in an immenfe vacuum, where
hing external or fenfible with which the
be compar'd. But now if in that fpace
bodies were plac'd that kept always
n one to another, as the Fixt Stars do in
we cou'd not indeed determine from the re
ation of the globes among thofe bodies
motion did belong to the globes or to the
t if we obferv'd the cord, and found that
was that very tenfion which the motions of
requir'd, we might conclude the motion to
globes, and the bodies to be at reft; and
y, from the tranflation of the globes among
we fhould find the determination of their
But how we are to collect the true motions
caufes, effects, and apparent differences; and
how from the motions, either true or ap.
e may come to the knowledge of their
effects, fhall be explain'd more at large in
wing Tract. For to this end it was that I
it.

Axioms

Axioms or Laws of Motion.

Law I.

Every body perfeveres in its ftate of reft, or of uniform motion in a right line, unlefs it is compelled to change that ftate by forces imprefs'd thereon.

PRojectiles perfevere in their motions, fo far as they are not retarded by the refiftance of the air, or impell'd downwards by the force of gravity. A top, whofe parts by their cohefion are perpetually drawn afide from rectilinear motions, does not ceafe its rotation, otherwife than as it is retarded by the air. The greater bodies of the Planets and Comets, meeting with lefs refiftance in more free fpaces, preferve their motions both progreffive and circular for a much longer time.

Law II.

The alteration of motion is ever proportional to the motive force imprefs'd; and is made in the direction of the right line in which that force is imprefs'd.

If any force generates a motion, a double force will generate double the motion, a triple force triple the motion, whether that force be imprefs'd altogether and

C 2   at

[I]

The FIRST BOOK
OF
OPTICKS.

PART I.

MY Design in this Book is not to explain the Properties of Light by Hypotheses, but to propose and prove them by Reason and Experiments: In order to which, I shall premise the following Definitions and Axioms.

DEFINITIONS.

DEFIN. I.

BY the Rays of Light I understand its least Parts, and those as well Successive in the same Lines as Contemporary in several Lines. For it is manifest that Light consists of parts both Successive and Contemporary; because in the same place you may stop that which comes one moment, and let pass that which comes presently after; and in the same time you may stop it in any one place, and let it pass in any other. For that part of Light which is stopt cannot be the same with that which is let pass. The least Light or part of Light, which may be stopt alone without the rest of the Light, or propagated alone, or do or suffer any

A　　　　　　thing

本书的第一章，是相关的基础定义，以及书中插页中关于光线在各种棱镜和透镜中特性的示意图。

《光学》
Opticks

作　　者　　艾萨克·牛顿　Isaac Newton
出版年代　　1704 年
尺　　寸　　242mm×190mm

牛顿系统性论证其光学理论的著作，本书的完成标志着近代光学的诞生。牛顿在书中主张以微粒说解释光的直线传播、反射和折射等现象。初版于 1704 年出版，与以拉丁文出版的《自然哲学的数学原理》不同，《光学》首版即采用更加通俗化的英文出版。

早在 1666 年，年轻的牛顿就曾进行了著名的棱镜色散实验，在本书中牛顿设计了大量实验，这套实验思想对于近代科学体系的建立非常关键，因此在科学思想史上也具有重要地位。书中牛顿详细阐述了他所主张的微粒说，光是由微粒组成，这些微粒也遵守运动定律，微粒说可以合理解释光的直线移动和反射性质。对于微粒说解释存在问题的折射与衍射，牛顿尝试用所谓"以太"来解释，但与惠更斯主张的波动说产生明显分歧，从此，两人就如何解释光的本质开始了长期的竞争。

书中附有两篇牛顿关于微积分的拉丁文论文，这两篇论文也是用于证明牛顿微积分发现权的重要材料。

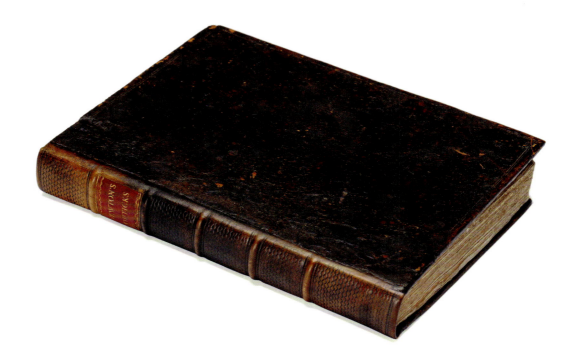

《发现天上的世界》译本
La Pluralità de Mondi

作　　者　　克里斯蒂安·惠更斯 Christiaan Huygens
出版年代　　18 世纪中期
尺　　寸　　315mm × 215mm

原著是著名天文学家惠更斯晚年的代表作品之一，也是人类第一本从科学的角度客观讨论地外生命话题的著作，在此之前涉及地外生命的讨论更多是从哲学和宗教层面。作者在书中以对话的形式，讨论关于宇宙间可能存在其他星球，以及外星生命存在形式，并结合了当时最新的天文学发现。惠更斯在书中提出了他的许多新颖观点和假设。该书面世后很快被翻译为多国语言，上海天文馆的收藏为一份早期的意大利语译稿。

作者的观点在当时非常超前，甚至部分接近于 20 世纪中期的科学认知。他认为宇宙是无限的，存在着许多类似地球的星球，并且这些星球上可能存在与地球生命相似的物种，还讨论了外星生物会如何适应不同的环境。作者敏锐地指出外星生物的生存关键条件之一是液态水，因此有无液态水是寻找地外生命的重要证据之一。

惠更斯于 1695 年 1 月完成了他的手稿，由于担心书中关于外星生命的讨论会引发教会的责难和攻击，因此惠更斯指示他的弟弟只有等他过世之后，这些文章才能对外公开出版。

◀ 手稿中的示意图描绘了土星、木星，以及地球这三颗当时已知拥有卫星的行星与卫星的大小和位置关系。

▲ 书中的插图按照作者所理解的
比例关系，描绘了太阳系尺寸结构。
图中各个行星的相对轨道、行星的
卫星轨道因为距离相对太阳系尺度
过小，被放大处理。

《新天文学大成》
Almagestum Novum

作　　者　　乔万尼·里乔利　Giovanni Riccioli
出版年代　　1651 年
尺　　寸　　358mm×230mm

意大利天文学家里乔利最重要的作品之一，这是一部堪称百科全书式的天文学巨著，全部合计有近三千页，内容包含了大量文字、表格和插图。该书也是晚期地心说最重要的著作，书中的内容集中展现了新旧天文学之间的冲突，问世后成为全欧洲天文学家标准工具书之一。作者是哥白尼和伽利略理论最激烈的反对者之一，但同时他也认识到日心说理论提供了解释太阳系最简单的模型。

卷首图中左侧人物手持单筒望远镜，右侧人物则手持天平，正比较着哥白尼的日心说体系和第谷改良版地心说体系的优劣，
而传统的托勒密地心说模型已经被丢弃在一旁。顶部可以看到当时通过望远镜发现的各种天体特征，包括木星斑纹、土星的
奇异形状（光环）以及月面纹理。

VI. FIGVRA PRO NOMENCLAT
Nec Homines Lunam incolunt.

该书的特别处之一是作者在书中提供了一幅直径 28 厘米的月面地图。该图由格里马尔迪（Francesco Maria Grimaldi）绘制。将月球可见表面按八分圆划分。里乔利当时认为月面上平坦的暗色区域是海洋，而明亮的区域则对应陆地，目前通用的月面上的海、洋、湾等地名类别和许多具体名称都源于此图。

132

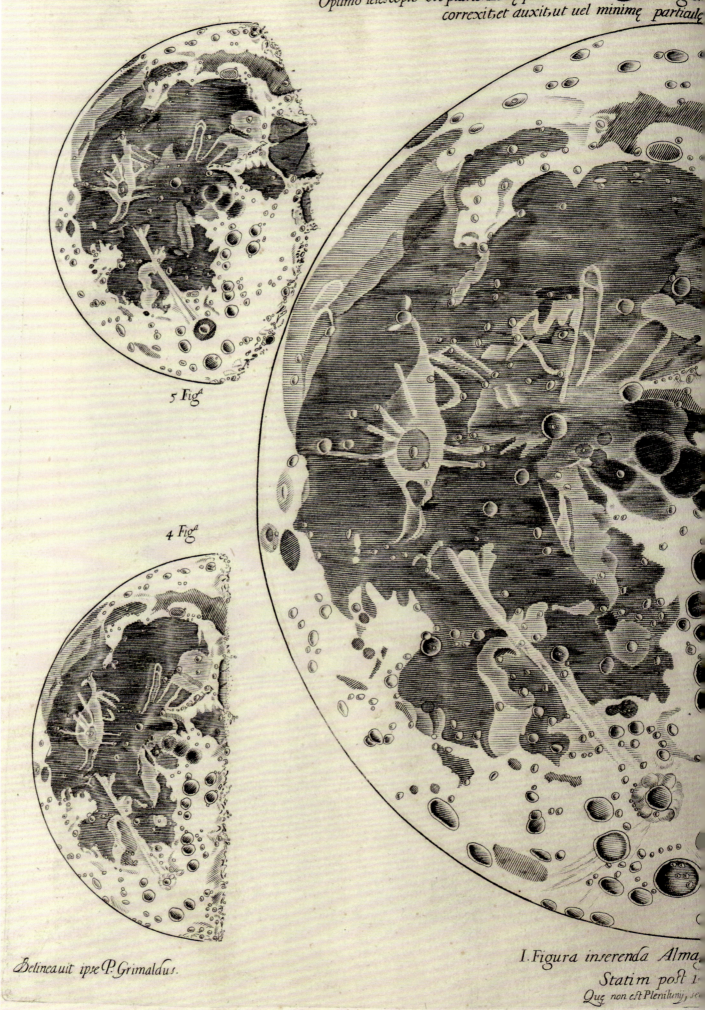

SELENOGRAPHIA P. FRANCISC

Optimo Telescopio ex plurib. Lunę pharib. Selecta, in gua Langren
correxit, et auxit, ut uel minimę partiale

5 Fig.ᵃ

4 Fig.ᵃ

Delineauit ipse P. Grimaldus.

I. Figura inserenda Alma,
Statim post 1.
Quę non est Plerilunij, se

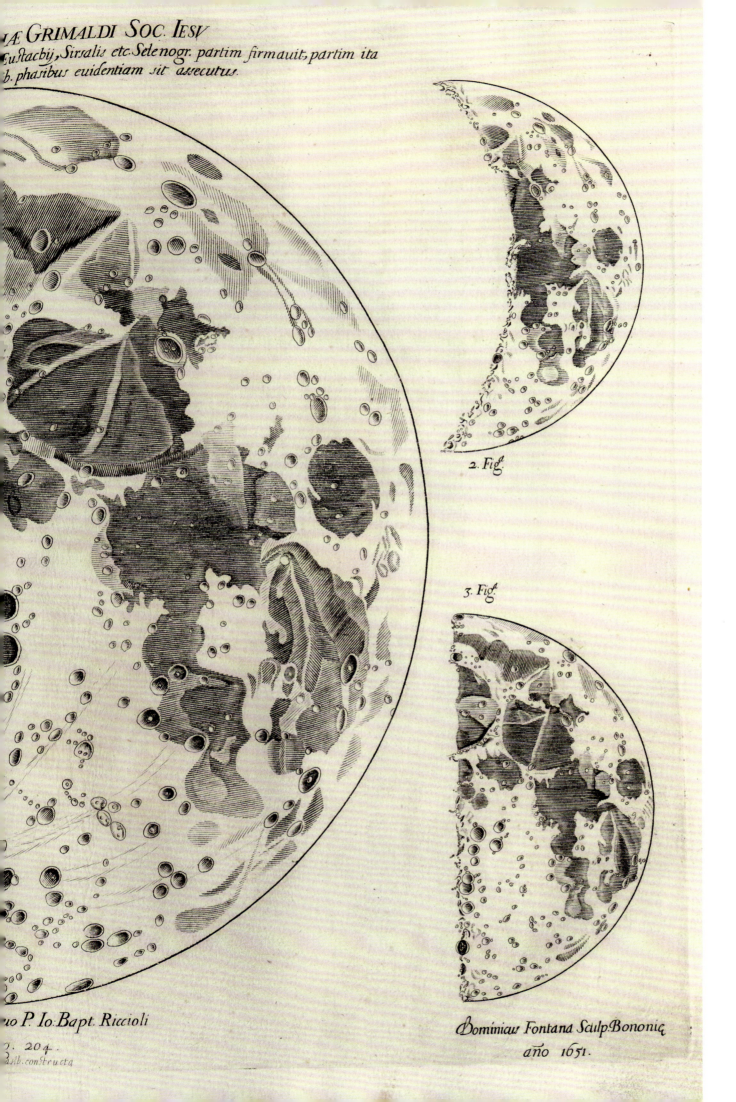

IÆ GRIMALDI SOC. IESV

Euſtachij, Sirsalis etc. Selenogr. partim firmauit, partim ita

h. phaſibus euidentiam sit aſſecutus.

2. Fig.

3. Fig.

uo P. Io. Bapt. Riccioli

. 204.

Baſib. conſtructa

Dominicus Fontana Sculp. Bononiæ
año 1651.

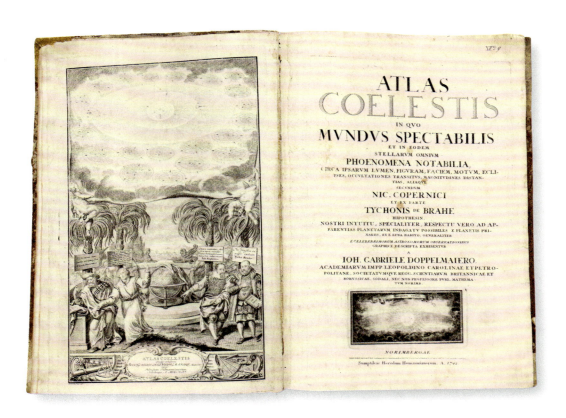

《天图》
Atlas Coelestis in quo Mundus Spectabilis

作　　者　约翰·加布里埃尔·多贝玛亚　Johann Gabriel Doppelmayr
出版年代　1742 年
尺　　寸　554mm×355mm

《天图》是 18 世纪最重要的星图集之一，于 1742 年在纽伦堡出版，内含了三十张各不相同的精细刻版宇宙天体图，其中十张是严格意义上的恒星星图，其他的内容则涉及到行星系统、行星轨道、月球和彗星理论，以及关于天体亮度、形状、运动、交食、掩星、距离等不同属性的宇宙信息。

作者多贝玛亚是来自德国的数学家兼制图师，在 18 世纪初期，他曾制作过大量的天文图版，之后这些图集被收集整理并命名为《天图》出版。

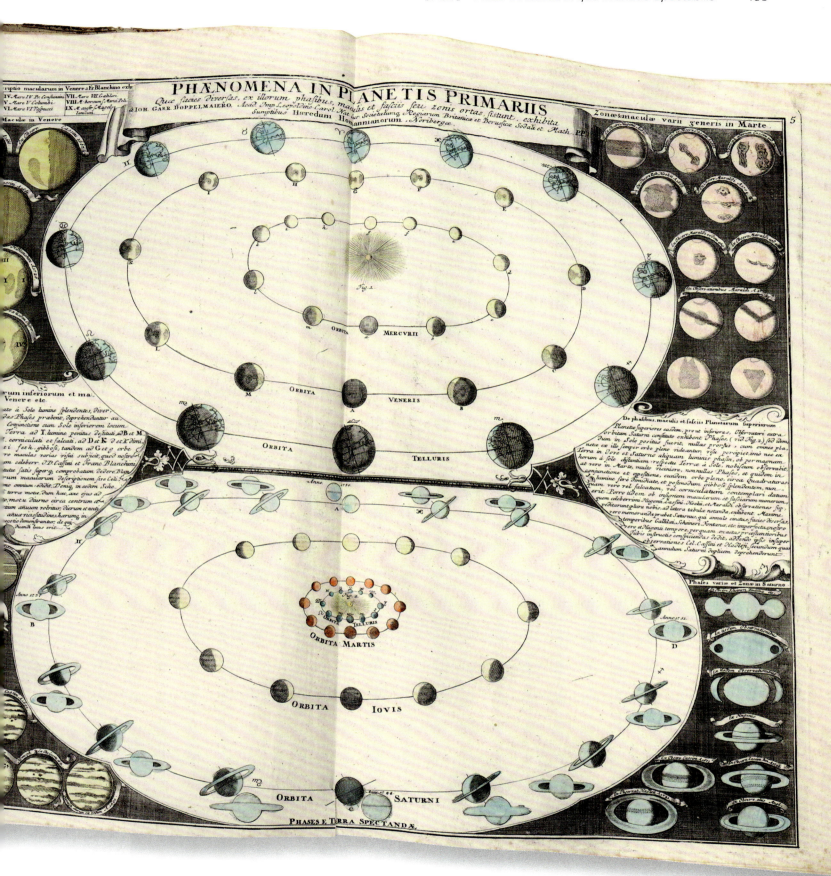

太阳系行星分布及行星性质图，中央分为地球轨道以内上方和地球轨道之外直至土星轨道下方，四周示意图则包括木星的条纹和斑点（左下）、土星及其光环（右下），以及金星（左上）和火星表面特征（右上）。

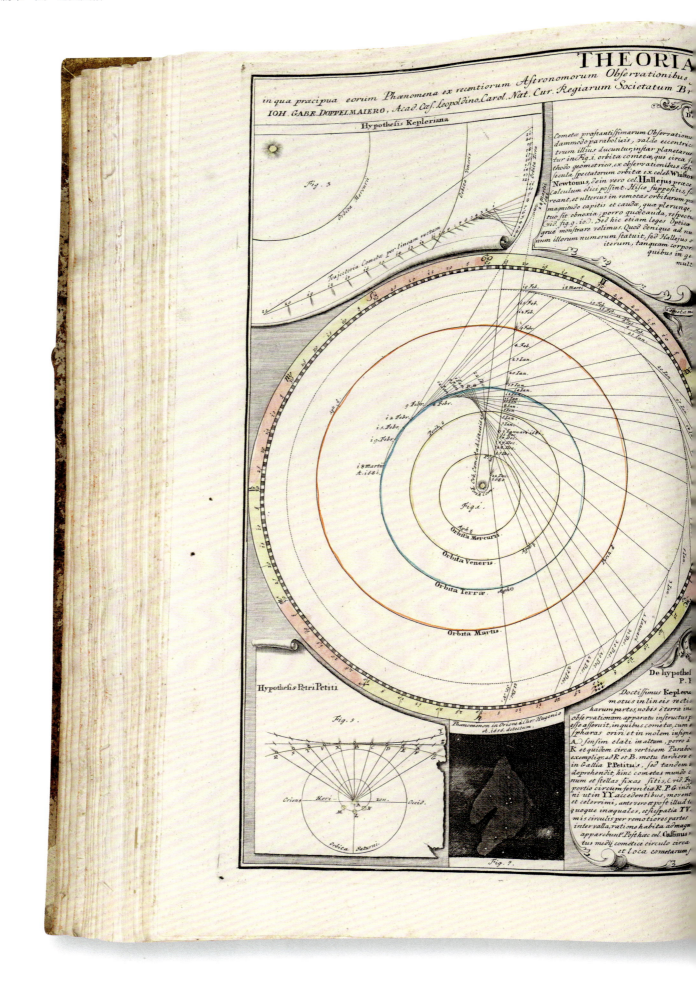

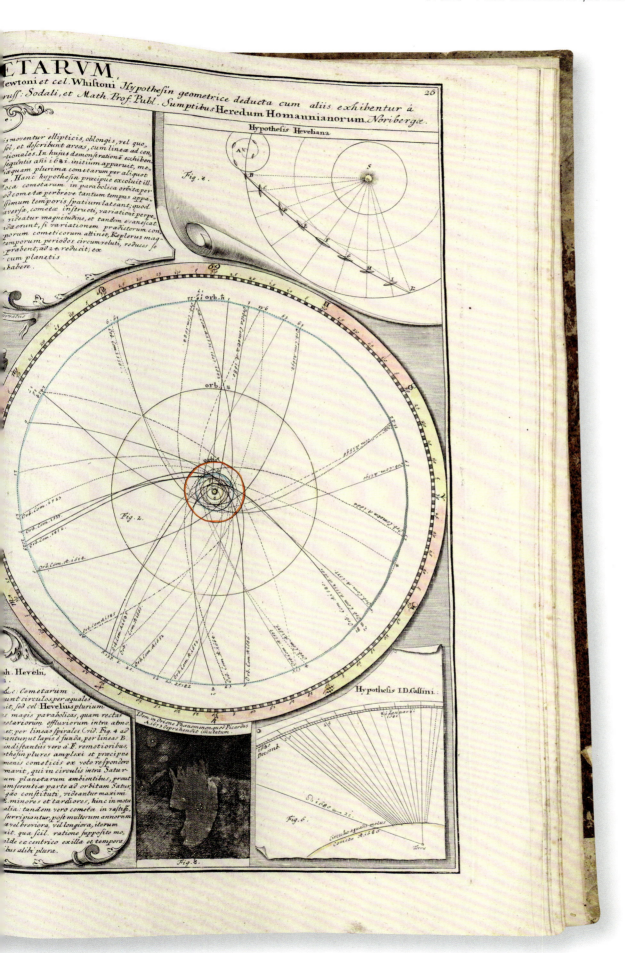

对太阳系内彗星运动
轨道的分析图。

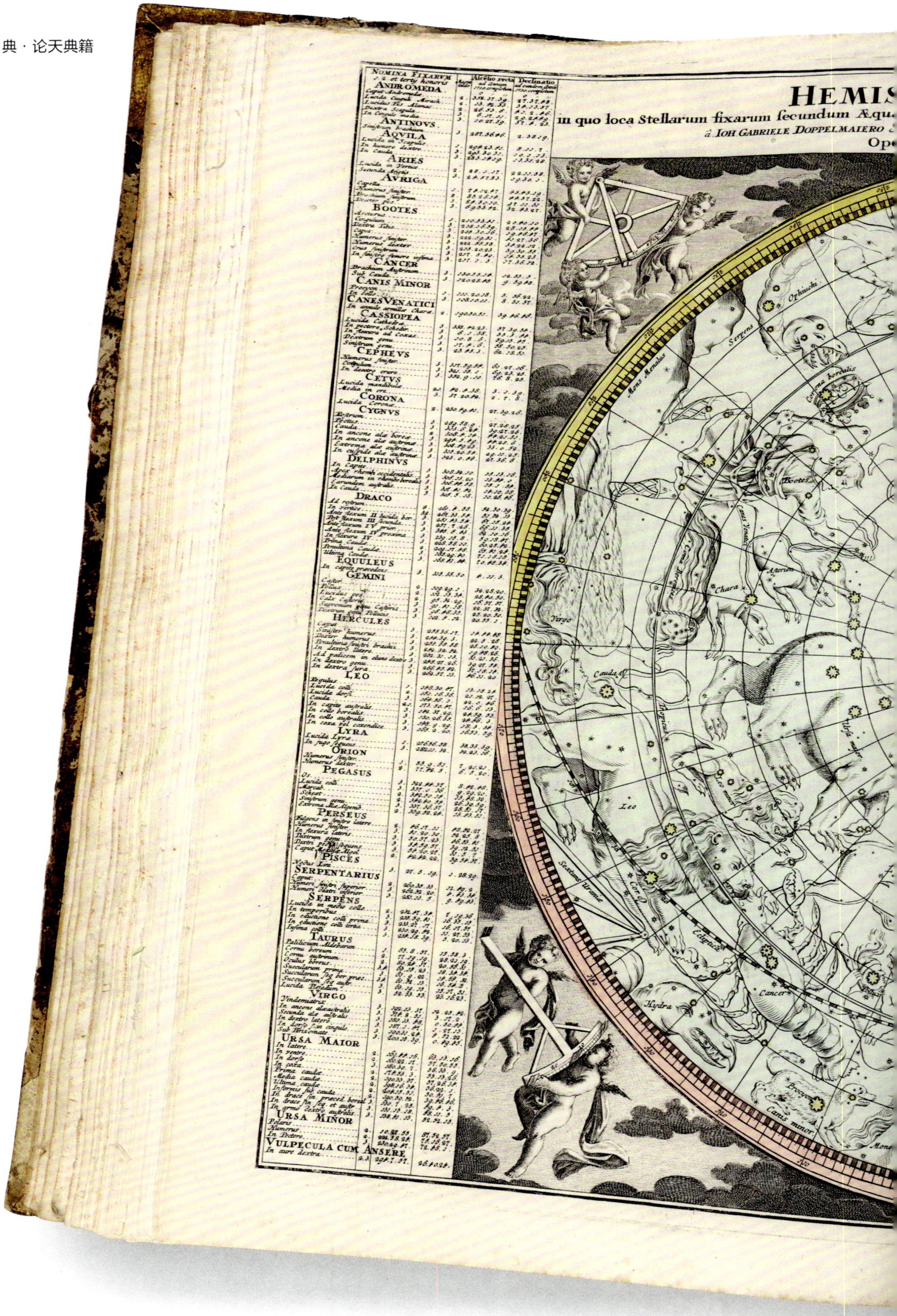

HEMIS...
in quo loca Stellarum fixarum secundum Æqua...
à IOH GABRIELE DOPPELMAIERO ...
Ope...

NOMINA FIXARUM	Mag.	Ascensio recta	Declinatio
ANDROMEDA			
ANTINOVS			
AQVILA			
ARIES			
AVRIGA			
BOOTES			
CANCER			
CANIS MINOR			
CANES VENATICI			
CASSIOPEA			
CEPHEVS			
CETVS			
CORONA			
CYGNVS			
DELPHINVS			
DRACO			
EQUULEUS			
GEMINI			
HERCULES			
LEO			
LYRA			
ORION			
PEGASUS			
PERSEUS			
PISCES			
SERPENTARIUS			
SERPENS			
TAURUS			
VIRGO			
URSA MAIOR			
URSA MINOR			
VULPECULA CUM ANSERE			

北天星图，左右两侧均为图中主要星座的恒星名称以及位置分布表。

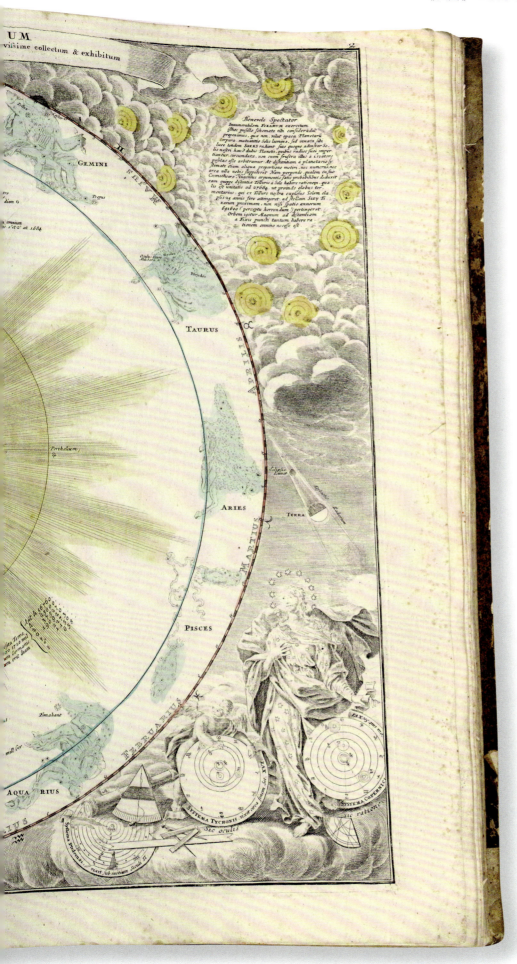

这是一幅结合大量太阳系内天文知识的信息图，中心为太阳系的精细结构图，包含不同行星的轨道距离及已知的卫星系统。

右下方为不同宇宙结构体系图的比较示意，女神手中的是哥白尼体系，小天使手中的是第谷体系，被仪器盖住的是早期的托勒密体系。

左下方为日食的基本原理示意图。

左上方为太阳系各个行星的几何尺寸比较，以及地球、月球、水星、金星的外观图。

右上方则为对其他恒星系统中行星的轨道及分布的想象。

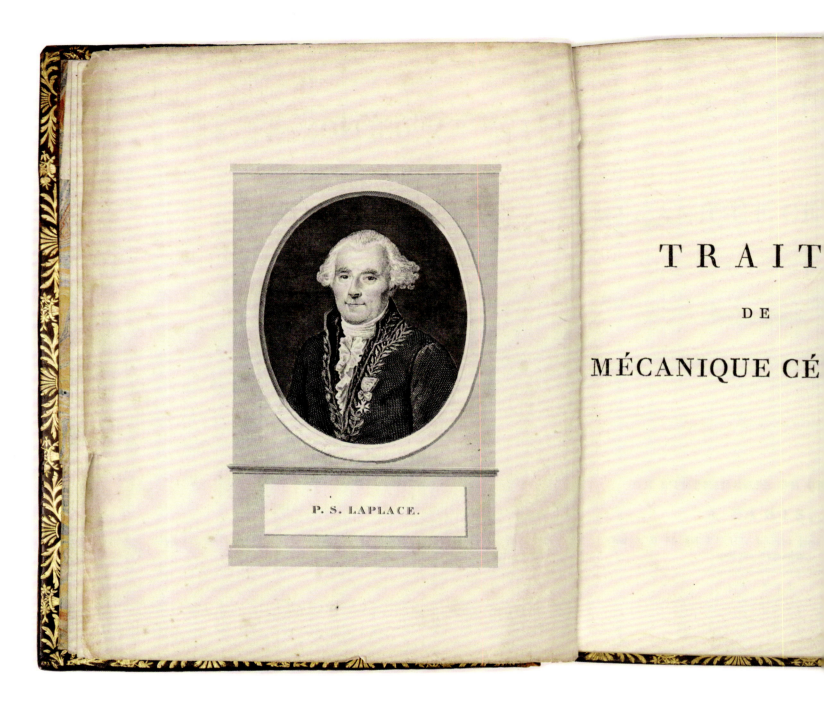

P. S. LAPLACE.

TRAIT
DE
MÉCANIQUE CÉ

据说拿破仑皇帝看到这本书时，曾向拉普拉斯提问："为何书中没有提及上帝？"拉普拉斯的回答是："陛下，我不需要那个假设。"

《天体力学》
Traité de Mécanique Céleste

作　　者	皮耶－西蒙·拉普拉斯　Pierre-Simon Laplace
出版年代	1799 年—1805 年
尺　　寸	250mm×195mm

17 世纪末，牛顿的万有引力奠定了天体力学的理论基础，但真正开创这一学科的则是法国的拉普拉斯。他不仅将牛顿《原理》以微积分的语言进行阐释，而且完成了牛顿无法补充细节的部分，对天体力学和统计学的发展产生了关键作用。

该书的第一、第二卷于 1799 年最先出版，内容主要论述行星运动、行星形状和潮汐，同时在书中第一次提到了"天体力学"的学科名称。之后又于 1802 年出版了第三卷，主要讨论天体之间的摄动理论。1805 年出版了第四卷，讨论了木星四颗卫星的运动及三体问题的特殊解，最后又于 1825 年出版了第五卷进行补充。上海天文馆的收藏为该书的前四卷。

该书是天文学历史上最重要的专著之一，因其原理的发展和其方法的深刻普遍性而闻名于世。
作者刻意在书中没有使用任何插图，完全依靠数学公式和计算表现天体之间复杂的运动与关系。

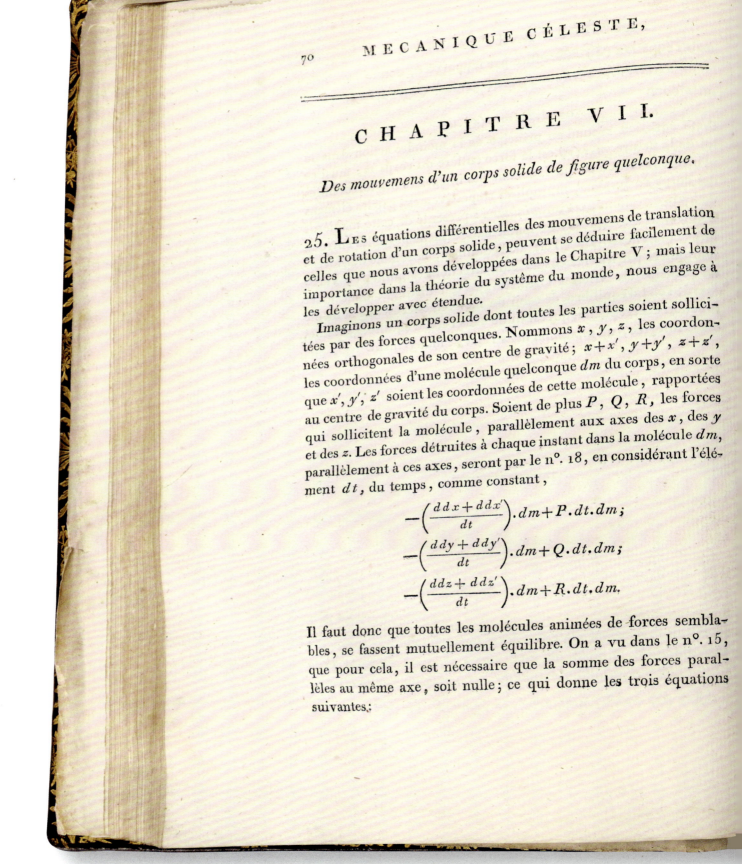

PREMIÈRE PARTIE, LIVRE I. 71

$$S.\left(\frac{ddx+ddx'}{dt^2}\right).dm=S.P\,dm\,;$$

$$S.\left(\frac{ddy+ddy'}{dt^2}\right).dm=S.Q\,dm\,;$$

$$S.\left(\frac{ddz+ddz'}{dt^2}\right).dm=S.R\,dm\,;$$

la lettre S étant ici, un signe intégral, relatif à la molécule dm, et qui doit s'étendre à la masse entière du corps. Les variables x, y, z, sont les mêmes pour toutes les molécules ; on peut donc les faire sortir hors du signe S ; ainsi en désignant par m la masse du corps, on aura

$$S.\frac{ddx}{dt^2}.dm=m.\frac{ddx}{dt^2}\,;\quad S.\frac{ddy}{dt^2}.dm=m.\frac{ddy}{dt^2}\,;\quad S.\frac{ddz}{dt^2}.dm=m.\frac{ddz}{dt^2}.$$

On a de plus, par la nature du centre de gravité,

$$S.x'.dm=0\,;\quad S.y'.dm=0\,;\quad S.z'.dm=0\,;$$

partant

$$S.\frac{ddx'}{dt^2}.dm=0\,;\quad S.\frac{ddy'}{dt^2}.dm=0\,;\quad S.\frac{ddz'}{dt^2}.dm=0\,;$$

on aura donc

$$\left.\begin{array}{l} m.\dfrac{ddx}{dt^2}=S.P\,dm\,;\\[2mm] m.\dfrac{ddy}{dt^2}=S.Q\,dm\,;\\[2mm] m.\dfrac{ddz}{dt^2}=S.R\,dm. \end{array}\right\}\quad;\qquad (A)$$

ces trois équations déterminent le mouvement du centre de gravité du corps ; elles répondent aux équations du n°. 20, relatives au mouvement du centre de gravité d'un système de corps.

On a vu dans le n°. 15, que pour l'équilibre d'un corps solide, la somme des forces parallèles à l'axe des x, multipliées respectivement par leurs distances à l'axe des z, moins la somme des forces parallèles à l'axe des y, multipliées par leurs distances à l'axe des z, est égale à zéro ; on aura ainsi :

$$S.\left\{(x+x').\left(\frac{ddy+ddy'}{dt^2}\right)-(y+y').\left(\frac{ddx+ddx'}{dt^2}\right)\right\}.dm$$
$$=S.\left\{(x+x')\,Q-(y+y').P\right\}.dm\,;\quad (1)$$

致谢

上海天文馆（上海科技馆分馆）建设期间，为丰富馆藏，征集小组从世界各地征集天文类相关展品百余件。在征集工作期间，得到了上海中国航海博物馆、上海交通大学科学史系、中国科学技术大学科学史与科技考古系、中国科学院自然科学史研究所、中国科学院紫金山天文台、上海文旅局及其文物保护中心、上海图书馆、北京天文馆、梵蒂冈图书馆等单位的专家在藏品挑选、鉴定、入藏、展示过程中的大力支持。特别感谢上海中国航海博物馆出借多件航海天文仪器供我馆展示。

感谢上海枫兴文化传播有限公司与北京春明社文化传播有限公司对上海天文馆建设工作的支持与协助。上海星萃文化传播有限公司协助完成了图册的拍摄工作。

感谢在征集过程中提供支持和帮助的上海科技馆同事及国外机构与友人，特别感谢临港管委会资助本图册的出版发行。

上海天文馆　藏品征集小组
2023 年 6 月

图书在版编目(CIP)数据

问天之迹：上海天文馆藏天文文物/周元等著.－－上海：上海书画出版社，2023.8
ISBN 978-7-5479-3178-3

Ⅰ.①问… Ⅱ.①周… Ⅲ.①天文学—历史文物—上海—图录 Ⅳ.①K875.92

中国国家版本馆CIP数据核字（2023）第146259号

问天之迹：上海天文馆藏天文文物

周元 等 著

策　　划	上海树实文化传播有限公司
责任编辑	王　彬　黄坤峰　吕　尘
审　　读	曹瑞锋
装帧设计	赵　瑾
封面设计	陈绿竞
技术编辑	包赛明

出版发行	上海世纪出版集团　上海书画出版社
地址	上海市闵行区号景路159弄A座4楼
邮政编码	201101
网址	www.shshuhua.com
E-mail	shuhua@shshuhua.com
制版	上海久段文化发展有限公司
印刷	上海中华商务联合印刷有限公司
经销	各地新华书店
开本	635×965　1/8
印张	18.5
版次	2023年9月第1版　2023年9月第1次印刷
书号	ISBN 978-7-5479-3178-3
定价	168.00元

若有印刷、装订质量问题，请与承印厂联系